JN228895

年間報酬
3000万円
超えが10年続く

CONSULTANT'S
SUCCESS STRATEGIES

独立系コンサルタントの成功戦略

経営コンサルタント
ビジョナリーパートナー
和仁達也
Tatsuya Wani

かんき出版

はじめに

★「コンサルタントで本当に食べていけるの？」

これはコンサルタントとして独立する前、あるいは独立したてのころに、もっとも感じる不安でしょう。

結論から言えば、食べていけます。現に、僕は20年以上、経営コンサルタントで食べてきました。

帝国データバンクが２０１４年に発表した研究レポートによると、経営コンサルタントを営む企業数は５年間で約１・９倍に増加し、経営コンサルタントを利用する企業数は５年間に約３・７倍に増加したとのこと。ニーズが高まっている職業のようです。

ただし、誰もが食べていける職業ではないのも事実です。

同じく帝国データバンクの調査によると、２０１８年に東京都で休廃業・解散した企業（個人事業主を含む）の第４位が経営コンサルタント。多くの経営コンサルタントが東京で起業しているのでしょうから、生存競争が激しいのも納得できます。

それなら、どうすれば食べていけるのでしょうか。

＊　＊　＊

本書を手にしてくださったのは、これからコンサルタントになろうと考えている方、あるいは既にコンサルタントになっている方だと思います。

最近、一流大卒の優秀な学生は、大手企業や官庁を志望するよりも、マッキンゼー・アンド・カンパニーやボストンコンサルティンググループのような大手コンサルティングファームに殺到しているといいます。彼らのすべてが独立するわけではないでしょうが、いずれコンサルタントとして独立する人は増えるでしょう。

また、コンサルタントの養成塾を主宰している立場から言いますと、ここ10年ぐらいで税理士や社会保険労務士、会計士といった士業の人がコンサル分野に進出するケースが増えているように思います。士業の世界でも過当競争が起きているので、生き残るためにコンサルティング業務で付加価値をつけようとしているからでしょう。

さらに、これからは銀行や生命保険会社などの金融機関のOBや中途退社した人たちが、コンサルタントに転身する流れも予想できます。

僕が独立した1990年代後半は、コンサルタントを名乗る人はまだ少なかったのですが、今はまさに「レッドオーシャン」の状態です。

レッドオーシャンの中でコンサルタントとしてやっていくのは難しいでしょうか？

いいえ、そんなことはありません。僕が編み出した、**コンサルタントで成功するための「30の秘密（メソッド）」を学んで実践していただければ、レッドオーシャンの**

中にわずかに存在する「ブルーオーシャン」に楽々入っていける、と確信しています。

なぜならば、この本の成り立ち自体が、僕がこれまでセミナーやコンサルタント養成塾などで出会ってきた、のべ数千人の独立系コンサルタントとその予備軍の人たちが抱える「お困りごと」、つまり悩みを起点にして、その解決法をメソッド化して紹介するものだからです。

この「はじめに」では、本書を通じてどのようなお困りごとを解決できるのか、5つの代表的なテーマについてお答えしていきます。

ちなみに、冒頭に紹介した、

★「コンサルタントで本当に食べていけるの？」

は、最も耳にするお困りごとです。

これについては、本書の内容すべてが回答になりますが、とくに大事なのは第3章の「あり方」を定めることだと思います。僕がコンサルタントとして20年間やってこられたのは、独立したときに「あり方」を定めて、どんな場面でも自分の軸がブレなかったからに違いない、と分析しているからです。

以下、残りの４つの代表的なお困りごとについても、解決策を１つひとつお伝えしていきましょう。

＊　＊　＊

★「どんなコンサルタントになればやっていけるの？」

僕はコンサルタントには3つのタイプがあると考えています。

①先生型コンサルタント
②御用聞き型コンサルタント
③パートナー型コンサルタント

①の先生型とは、専門的な知識があり、その人だけが知っている正解を教えるコンサルタントのこと。従来型のコンサルタントはこのタイプで、クライアントと対等な立場ではなく、教えて諭《さと》すような立場になります。高額の報酬をもらえますが、単発的な仕事が多いので、常に見込み客を開拓しないとやっていけない恐れがあります。

②の御用聞き型は、最近増えてきたタイプです。クライアントよりも立場が弱く、

どんなに理不尽な要求をされても黙って従うようなコンサルタントです。御用聞き型は報酬も安くて、貧乏ヒマ無しになって疲弊するケースが多く、長くやっていくのは難しくなります。

最後の③のパートナー型とは、クライアントと対等な立場であり、横に並んで背中を押すパートナー的な役割を果たします。専門的な知識をアドバイスするのではなく、クライアントが抱えているお困りごとを解決するために、クライアントが自ら答えを出せるよう導く存在になります。

僕は独立したときから、パートナー型のコンサルタントとしてやってきました。本書でご紹介するのも、パートナー型になるためのメソッドです。

パートナー型のコンサルタントは高額報酬で長期契約を結べるうえに、1社と何十年もおつきあいすることもあります。事業として一番安定しているタイプなのです。

★「どのようにコンサルティング能力を高めたらいいの？」

コンサルタントは、特定の業界で専門職の経験があったり、高度で難易度の高い資格がないとやっていけないと思っている方は多いでしょう。実のところこの2つ、つまり経験も資格もなくてもやっていけると考えています。

僕はクライアントのお困りごとを解決するサポートをしてきました。ここで大事なのは、**コンサルタントが問題を解決するのではなく、クライアント自身が解決できるように導くということ**。

実際にやってみるとわかりますが、問題に対して自分なりの答えを提案するほうが簡単です。それをしないで、クライアント自身の心の奥底にある答えを見つけてもらうために、脳に汗をかいているのです。

お困りごとに対して的確なアプローチができれば、専門的な知識がなくてもクライアントに求められるコンサルタントになることができます。

もちろん、何も勉強しなくてもいいというわけではありません。ただ、ムダな勉強をする必要はないので、第5章の勉強法を参考にしていただければと思います。

★「クライアントはどうやって増やせばいいの？」

これも、多くのコンサルタントからよく聞くお困りごとです。

答えを一言でいうなら、**「自分からは売り込まない」ということになります**。見込み客を口説き落とすために営業をするのではなく、やるべきことをやった結果、クライアントと契約を結べるようになるのが理想です。

これについては、第1章の見込み客との出会い方を実践していただくのが一番の近道です。同時に、第4章で紹介する戦略的な情報発信も行えば、絶えず見込み客がいる状態になるでしょう。

★「契約を切られたらどうするの？」

これは、コンサルタントになってから常に付きまとう不安でしょう。

僕も、独立当初は心のどこかにこの不安がありました。コンサルタントは1社の解約で即、年間で数百万円の利益減になるので、契約を切られるのは死活問題です。

自分の経験から言えるのは、どんなに頑張っても契約は切られることはあるということ。僕の場合は報酬の値上げを相談したときや、クライアントと僕との目指していた方向性にズレが生じたときに契約終了となりました。独立して間もないころは、クライアントを怒らせてしまい、即契約解除になった苦い思い出もあります。

独立系コンサルタントになったからには、契約の打ち切りは避けて通れません。だからこそ、イチから見込み客と出会いクライアントにしていく、「営業力」を養うことが重要なのです。

＊　＊　＊

以上が、５つの代表的なお困りごとに対する、僕なりの答えになります。

「はじめに」を締めくくるにあたり、『独立系コンサルタントの成功戦略』という本書のタイトルについて、特に「成功」とは何か、「戦略」とは何か、について考えるところをお伝えしておきます。

本書における**「成功」とは、「年間報酬３０００万円超えが10年続く独立系コンサルタントになること」**を指します。

そして**「戦略」とは、「その成功から逆算して行動するためのシナリオ」のことです。**

ちなみにその反対は、「なりゆきまかせに行動すること」です。

本書を読む方であれば、きっと誰もが普通の人以上の努力をされることでしょう。

しかし、その努力には報われる努力と報われない努力があります。

たとえば、もしあなたが「目標を成し遂げたことがない人の思いつきの意見」を信じて、真面目に努力したら、結果はどうなるでしょうか？　一方、「目標を成し遂げた人が他の人にも実践できるよう再現性を追求して体系化したやり方」を信じて、真面目に努力したら、結果はどうなるでしょうか？

同じように努力をしても、前者より後者のほうがはるかに報われる光景が、目に浮かびますよね。

そこで本書では、**僕が独立系コンサルタントとして20年以上、自ら実践するとともに、のべ数千人のコンサルタントや士業の方々にお伝えし、再現性が実証済みの「和仁メソッド」を30本、7章に分けて紹介していきます。**

これらのメソッドこそ、独立系コンサルタントがすぐ始めて安定的に稼げる「30の秘密」に他なりません。

読む人によっては「ここまで公開して大丈夫なの?」と思うかもしれません。ただ僕には、パートナー型コンサルタントは世の中にもっと増えてほしいという願いがあります。なぜなら、パートナー型コンサルタントこそが、クライアントである社長や社員を幸せにすることができるからです。

世の中にあるすべての会社の社長と社員が幸せになれば、世界全体が元気になる。その景色を見られることは、自分にとって最高に幸せなことです。

そんな**ワクワクする未来のために、僕のノウハウを公開することにしました**。

とくに最近は、大企業が続々と副業を解禁し、社員を定年まで雇えないことを暗に表明しています。サラリーマンが会社に依存しづらい環境になってきました。

今後、独立する人はいっそう増えていくことでしょう。

読者の方が、人生の新たなチャレンジとしてコンサルタントを選ぶのであれば、僕は全力で応援します。
また、既にコンサルタントとして独立はしたものの、軌道に乗せることができずに壁にぶち当たっているのなら、本書がその壁を乗り越えるための手助けになれば幸いです。

２０１９年８月

和仁　達也

※本書に出てくる「コンサルタント」とは、経営・戦略・人事・マーケティングなど、企業に対してコンサルティングを行う人を総称しています。なお、4ページの帝国データバンクの研究レポートにある経営コンサルタントとは、本書でいうコンサルタントとほぼ同じ意味と考えられます。
※本書でいう「年間報酬3000万円」とは、独立系コンサルタント1人（ほかにパートアシスタント1名程度）が各種コンサルティング活動（個別コンサル、グループコンサル、セミナー、講座、教材など）から得る年間収入を指しています。
※本書のなかに何度か登場する「一般社団法人日本キャッシュフローコーチ協会」とは、著者が2015年に設立した、コンサルタントが500人以上集まるコミュニティです（人数は2019年8月時点）。この協会が認定する民間資格「キャッシュフローコーチ」は、クライアント企業の社外CFO（最高財務責任者）として、経営数字を使って本業の発展をサポートする役割を担っています。
一般社団法人日本キャッシュフローコーチ協会公式サイト→https://www.jcfca.com/

本書の構成

本書は全部で7章立て、49項目、そして30の「和仁メソッド」で構成。コンサルタントが陥りやすい「落とし穴」や、2種類の事例（NGなケース、OKなケース）を多数盛り込みました。図版も随所に掲載し、「和仁メソッド」や、著者おススメのツールをかみ砕いて説明しています。

各項目の見出しまわり

各項目の冒頭では、テーマ（もしくは場面）を設定。そのテーマに対する著者の答えをカギカッコで囲み、格言や標語のような短い言葉で表現しています。

01

見込み客探しでやりがちな3つの間違った努力

「結果が出ない顧客アプローチはすぐに辞める」

いざコンサルタントになってみたものの、クライアントがまったく増えない、新規クライアントの開拓ができない。

このような悩みを持っていませんか？

それは努力の仕方が間違っているのかもしれません。成果の出ないのは明らかなのに、ただただ頑張っていることに陶酔するような努力はやめたほうがいいと思います。

「**努力は必ず報われる。努力に勝る才能はなし**」

僕らは子供のころから、努力がいかに大切なのかを言い聞かされて育ってきました。

落とし穴

コンサルタントが陥りやすい「落とし穴」について、傍線を引いたうえで、冒頭部分に人が穴に落ちていくイラストを入れました。「転ばぬ先の杖」として参考にしてください。

NGなケース

ありがちな悪い事例について、NGマークをつけ、地に黒い薄アミを敷いてピックアップ。著者自身の痛い経験や、他のコンサルタントの実話に基づいています。

\NG/

「私は税理士になって20年になります。地元で愛されるようにと頑張って中小企業の社長の相談に乗っています。〈中略〉最近コンサルティングも始めましたので、経営関係でお悩みの方はぜひご相談ください」

\OK/

「社長のお困りごとを解決するために、経営数字の面からサポートしようと思って経営コンサルタントになりました。普段は社長や社員との面談で、数字を使って『どのようにやりたいことを実現するか』というコンサルティングをさせていただいています。非常にやりがいがあってクライアントにも喜んでいただいています。税理士としての資格も持っていますので、節税対策や相続税に関することもアドバイスしています」

OKなケース

おススメしたいいい事例について、OKマークをつけ、地に色の薄アミを敷いてピックアップ。著者がコンサルタント向けの養成塾で教えている事例や、他のコンサルタントの実践に基づいています。

「和仁メソッド」と本文中の強調部分

本書のキモとなる著者のオリジナルメソッドをピックアップ。それ以外で特に重要と思われる部分は、色文字で太く表記しています。

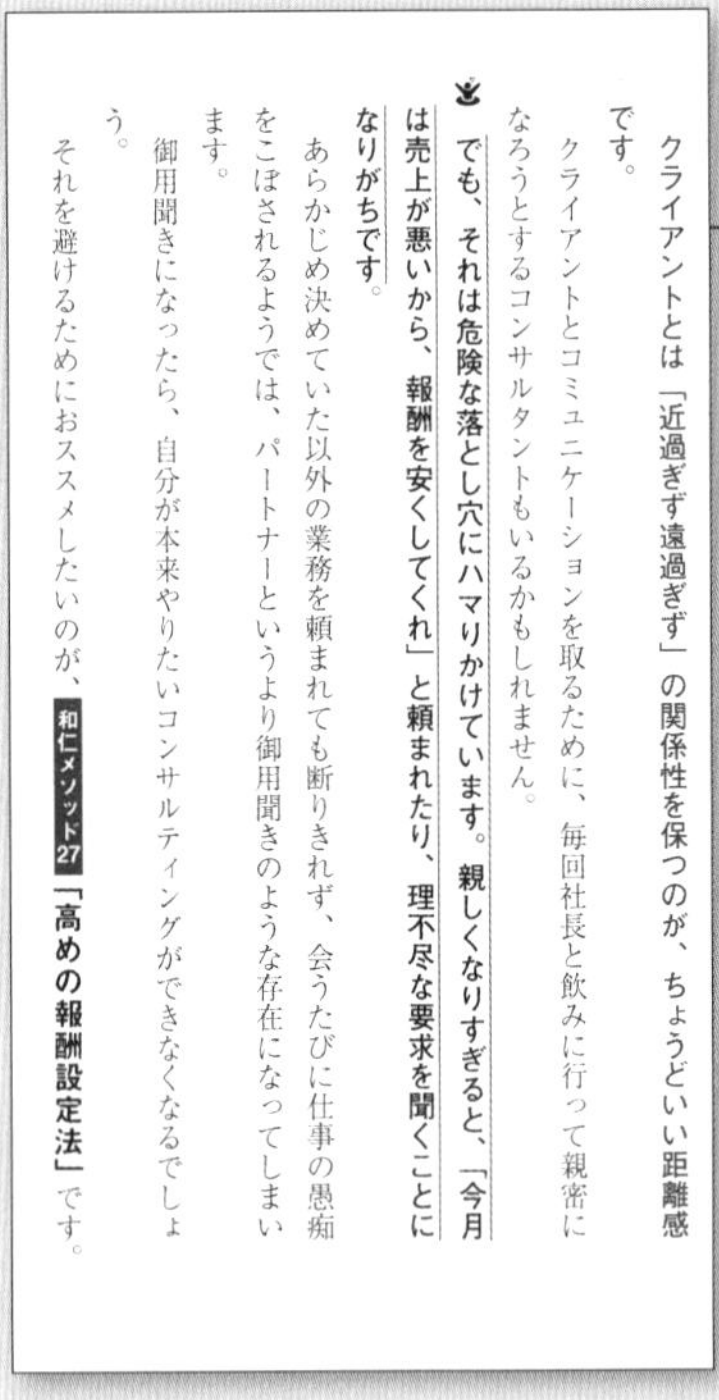

クライアントとは「近過ぎず遠過ぎず」の関係性を保つのが、ちょうどいい距離感です。

クライアントとコミュニケーションを取るために、毎回社長と飲みに行って親密になろうとするコンサルタントもいるかもしれません。

でも、それは危険な落とし穴にハマりかけています。親しくなりすぎると、「今月は売上が悪いから、報酬を安くしてくれ」と頼まれたり、理不尽な要求を聞くことになりがちです。

あらかじめ決めていた以外の業務を頼まれても断りきれず、会うたびに仕事の愚痴をこぼされるようでは、パートナーというより御用聞きのような存在になってしまいます。

御用聞きになったら、自分が本来やりたいコンサルティングができなくなるでしょう。

それを避けるためにおススメしたいのが、**和仁メソッド27「高めの報酬設定法」**です。

「和仁メソッド」の具体的な内容

「和仁メソッド」の具体的な内容をコンパクトに解説。ここだけを通して拾い読みするだけで、本書のエッセンスが伝わります。

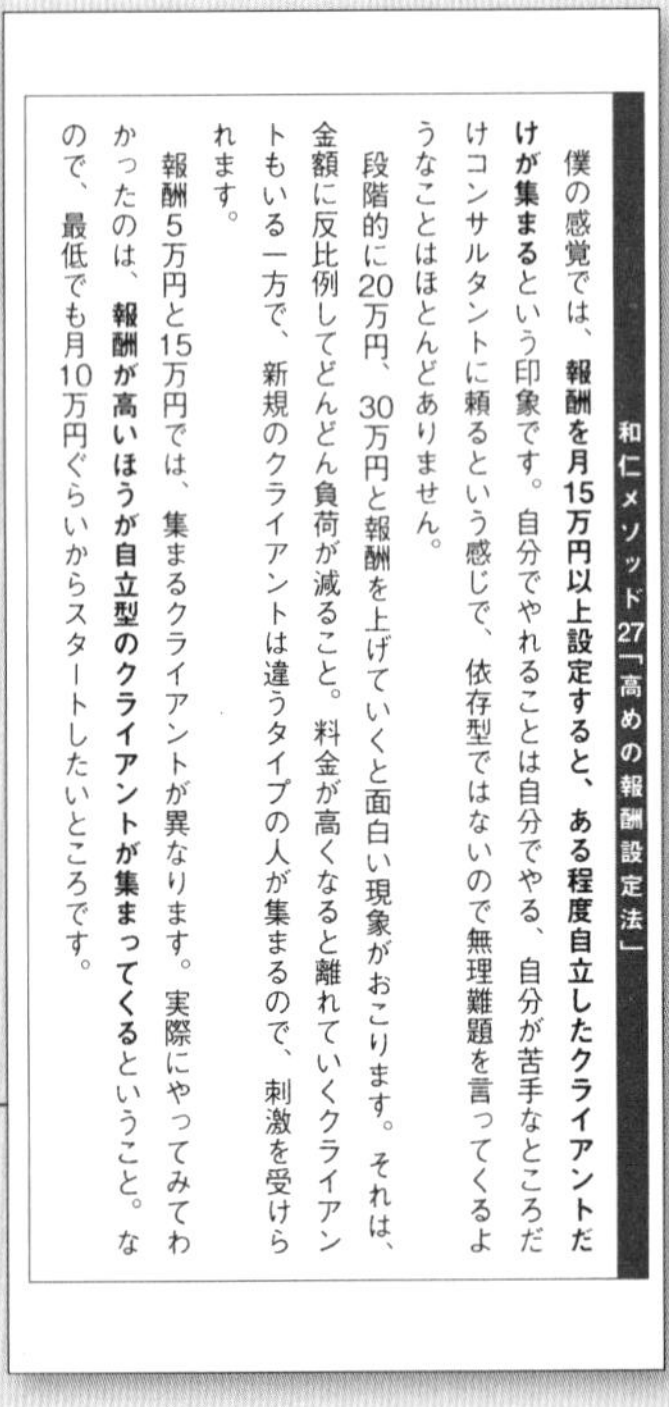

和仁メソッド27「高めの報酬設定法」

僕の感覚では、**報酬を月15万円以上設定すると、ある程度自立したクライアントだけが集まる**という印象です。自分でやれることは自分でやる、自分が苦手なところだけコンサルタントに頼るという感じで、依存型ではないので無理難題を言ってくるようなことはほとんどありません。

段階的に20万円、30万円と報酬を上げていくと面白い現象がおこります。それは、金額に反比例してどんどん負荷が減ること。料金が高くなると離れていくクライアントもいる一方で、新規のクライアントは違うタイプの人が集まるので、刺激を受けられます。

報酬5万円と15万円では、集まるクライアントが異なります。実際にやってみてわかったのは、**報酬が高いほうが自立型のクライアントが集まってくる**ということ。なので、最低でも月10万円ぐらいからスタートしたいところです。

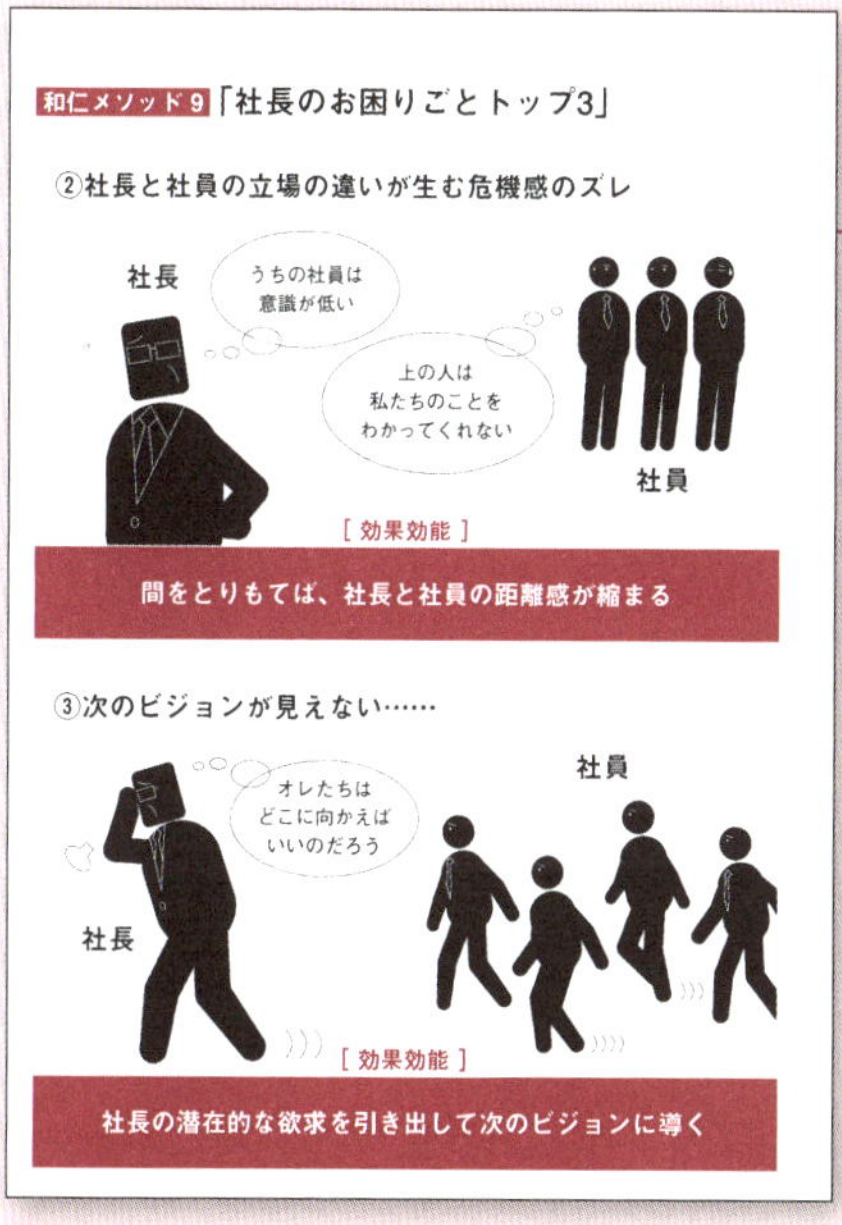

「和仁メソッド」をイラスト図解

「和仁メソッド」をわかりやすく伝えるために、図表やイラストを使ってかみ砕いて説明。その具体的な効果効能を、一番下にまとめています。

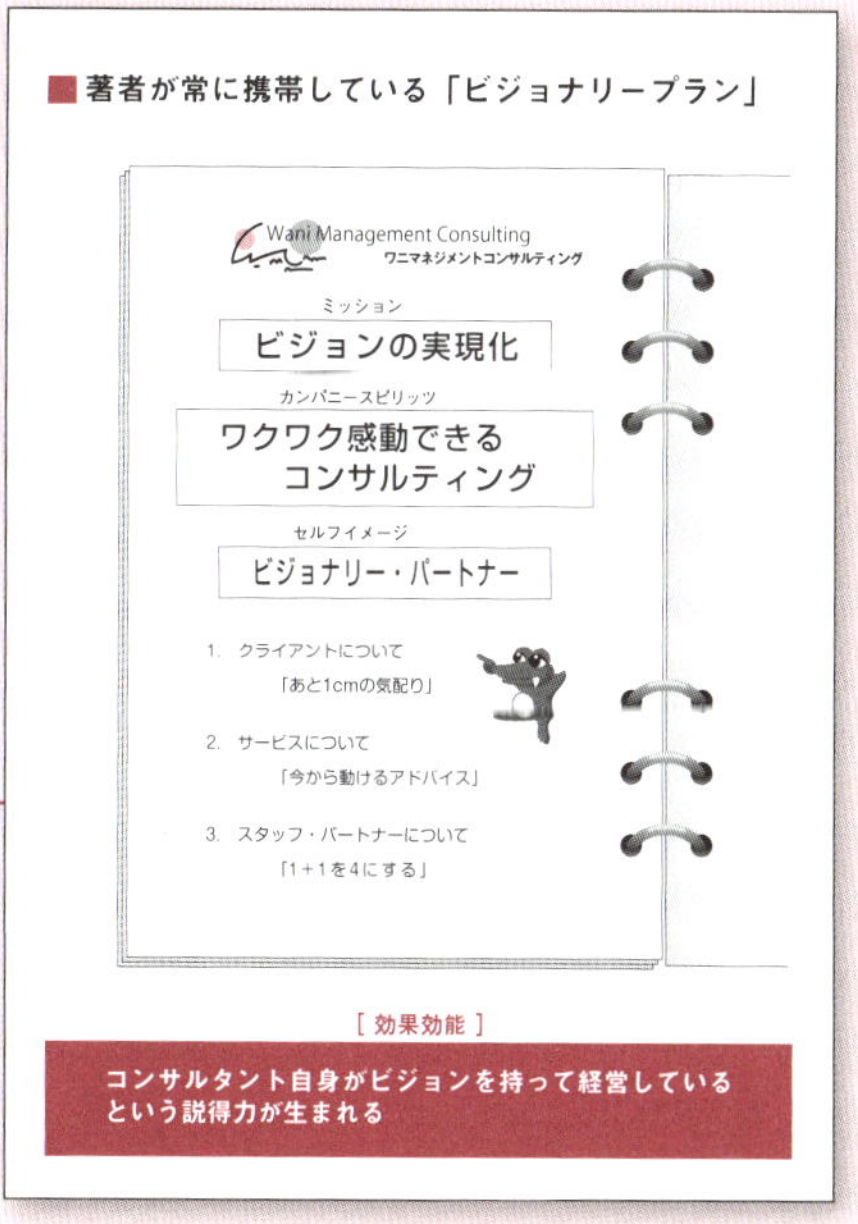

著者のツールをイラスト図解

著者が日ごろ活用したり携帯しているツールを、図表やイラストを使ってかみ砕いて説明。その具体的な効果効能を、一番下にまとめています。

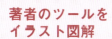

『年間報酬３０００万円超えが10年続く 独立系コンサルタントの成功戦略』目次

第1章

独立系コンサルタントは見込み客とどうやって出会うのか

第2章

独立系コンサルタントはプロフィールをどう書くか

第3章

これからの独立系コンサルタントの「あり方」とは

第4章 独立系コンサルタントの戦略的情報発信術

第5章

独立系コンサルタントの勉強法

第6章

10年スパンで考える独立系コンサルタントのキャリア戦略

第7章

独立系コンサルタントがあえてコミュニティを必要とする理由

編集協力◎大畠 利恵
カバーデザイン◎井上 新八
本文デザイン◎二ノ宮 匡〈ニクスインク〉
図版作成◎齋藤 稔〈ジーラム〉
本文DTP◎野中 賢〈システムタンク〉

第1章

独立系コンサルタントは見込み客とどうやって出会うのか

01

見込み客探しでやりがちな3つの間違った努力

「結果が出ない顧客アプローチはすぐに辞める」

いざコンサルタントになってみたものの、クライアントがまったく増えない、新規クライアントの開拓ができない。

このような悩みを持っていませんか？

それは努力の仕方が間違っているのかもしれません。成果の出ないのは明らかなのに、ただただ頑張っていることに陶酔するような努力はやめたほうがいいと思います。

「努力は必ず報われる。努力に勝る才能はなし」

僕らは子供のころから、努力がいかに大切なのかを言い聞かされて育ってきました。

確かに努力は大切なのですが、方向を間違えた努力を続けても効果はありません。
ここでは、陥りやすい3つの努力の落とし穴をご紹介します。

①やみくもな飛び込み営業

「自分は一兵卒として、イチからクライアントを開拓していこう」のような覚悟を持って独立するのは、いいことです。

ですが、1つのエリアを飛び込み営業でしらみつぶしにしていくような手段は効率が悪すぎます。

そもそも**企業の社長は忙しくて、飛び込み営業の相手をしていられません**。社長以外の経理や人事などの担当者もそうでしょう。それなのに突然来られたら迷惑なだけ。心証が悪くなり、追い払われる可能性もあります。これでは逆効果です。

100社営業をかけて、運がよければ1社は社長や担当者に会ってもらえるかもしれません。しかし、その1社に断られたら100社回っても成果はゼロ。そんな行き当たりばったりの営業をしていたら、いつまで経ってもクライアントは増えません。

それなら電話で営業しようと、片っ端から電話をかけてことごとく断られるのなら、やはりそれもムダな努力です。今はセールス電話は警戒されていますし、社長が電話に出ること自体ほとんどありません。

②マッチングサイトに登録

フリーのコンサルタントと、コンサルタントを探している企業とのマッチングをはかるサイトがいくつかあります。

コンサルタントとして独立すると、「うちに登録しませんか?」のような案内が来るので、つい登録したくなるでしょう。独立したばかりの営業力がないときは、マッチングサイト経由で仕事を請け負うほうが、仕事が増えるように感じます。

僕は、これには2つの落とし穴があると考えています。

まず、自分が望む報酬を得られないということ。もう1つは、自力でクライアントを獲得する力を鍛えられないということです。

マッチングサイトで募集している案件は、必ずしも安価ではありません。相応の月額報酬をもらえる案件もあります。

しかし、基本的には単発的な仕事で、契約期間は数か月から1年ぐらいと決まっています。条件はすべてクライアント側が決めるので、実際には決められた料金より仕事量がハードでも、途中で変更してもらうのはなかなか難しいでしょう。

料金が高い案件は受注したいコンサルタントも大勢名乗りを上げるでしょうから、競争率も高くなります。

高額報酬の単発案件1つより、高額とはいかなくても一定額のフィーをもらえる長期案件3つのほうがはるかに将来性はあります。長期だと腰を据えてコンサルティングをできるので、クライアントに対する貢献度も高くなるでしょう。後述しますが、何よりも大事なコミュニケーションと、紹介を得られる見込みが増えるのです。

また、独立したばかりの入り口で第三者の力を借りてしまうと、いつまで経っても自分でクライアントを開拓する力を養えないかもしれません。それは、いつまで経っても「自分がしたいコンサルティング」ができないことを意味します。

僕は、独立時に世の中の社長のお困りごと（経営上の悩み。85ページ参照）を解決して、ビジョンを実現するコンサルティングをしたいと決めていました。そのお困りごとは社長の頭の中のどこかにあっても、明確にはなっていません。だからそのお困りごとを解決するコンサルタントをマッチングサイトで募集することはないでしょう。

要は、マッチングサイトで募集しているのは、自分ではなくてもできる案件だということです。自分にしかできないコンサルティングをするには、自ら見込み客に会って信頼関係をつくっていくしかないのです。

③いきなりセミナー

これも「コンサルタントあるある」に入るような、間違った努力の代表例です。

コンサルタントとして独立したら、見込み客との出会いをつくるためにどこかの会議室を借りてセミナーを開くというのは、王道パターンだと思うかもしれません。

言わずもがなですが、これも落とし穴です。誰でも自分が知らない人には興味がないので、わざわざ時間をつくってセミナーを受けようとはしないでしょう。無料セミナーであっても、来てくれる人はほとんどいないと思います。

順番が逆で、実績を積んだらセミナーで集客できますが、実績を積む前に集客しようとしてもまず不可能です。独立したてのころは、セミナーにエネルギーや労力をかけるのではなく、個別にクライアントを開拓するほうに力を入れるのをおススメします。

これら3つの方法をすでに実践して、まったく成果が出ていないのなら完全に落とし穴にハマっています。即刻やめたほうがいいでしょう。

この章では、営業で成果を出すためのメソッドをお教えします。その方法を実践したら、見込み客と出会う確率も、契約に結びつく確率も、格段に上がると思います。

02

成約につながる人脈のつくり方・使い方

「独立するなら見込み客が3人以上見つかってから」

人脈というのは見えない資産のようなもので、1日ではつくれません。

独立を考えている人は日頃からつくっておくべきですし、すでに独立していて人脈があまりない人はすぐにつくりはじめましょう。

積極的に人脈づくりができる自信がある人はゼロから始めてもいいかもしれませんが、**少なくとも3人以上の見込み客を見つけてから独立する**と、「やっていけるだろうか」という不安が少なくなります。

それでは、どのように人脈を構築していけばいいのか。

ここで紹介したいのが、**和仁メソッド1「面識のある人攻略法」**です。

まず、僕の事例から紹介しましょう。大学卒業後、僕は会計事務所系コンサルティング会社に5年ほど勤務しましたが、そのうち3年は新規開拓の営業をしていました。後から振り返ると、この経験が人脈づくりには大いに役立ちました。

独立してまず会いに行ったのは、サラリーマン時代に出会った人たちです。

営業先や何かの会合、セミナー等で名刺交換をして話が盛り上がったもののそれきり会うことはなく、もちろん、顧客にもならなかった方々です。とはいえ印象がよく、「いつかまた会いたい」と思っていた方に連絡を取りました。

こうした人脈は会社に対して不義理にはならないので、むしろ積極的に利用すべき。

一度しか会ってない方でも、「以前、こういう経緯で一度お会いしてるんですけど、覚えていらっしゃいませんか?」と電話をかけると、「ああ、そういえばそういうこともあったな」と思い出してもらえました。

それぐらいの薄い縁であっても、全然OK。仮に「覚えてない」と言われたとしても、「僕はあのときの社長のあの話が記憶に残っていてご連絡したんです」と言えば、相手は悪い気はしないので、会ってみようという話になるでしょう。

今まで名刺交換をした方のなかから、今後もおつきあいしたい人や、自分を求めていそうな会社をピックアップして営業をかけてみるのが第一歩です。
このメソッドの中で、特にアプローチすべき人物像を紹介しておきましょう。

和仁メソッド1「面識のある人攻略法」

まずは、**クライアントになりそうな人をきちんと選ぶ**ということ。最初の段階で相手を選ばないと、あまり効果が出ない可能性があります。

人脈は質と量の両方あるのがベストです。しかし、最初から量を求めると「誰でもいいから仕事が欲しい」と、低料金で自分がそれほどサポートしたくない人と契約を結ぶことになるかもしれません。だから、最初は質を求めたほうがいいと思います。

おススメしたいのは、次のような人たちです。

- **信頼できる人**
- **尊敬でき、誠意のある人**
- **仕事に対する理念や哲学などの柱がある人**
- **向上心のある人**
- **ビジョンに共感でき、応援したい人**
- **自分と相性のいい人**

「類友《るいとも》」と言われるように、あなたの周囲の人はあなたの鏡です。自分が向上すれば相手も向上するでしょうし、その逆もあり得ます。そういう人脈が財産になるのです。

僕が当時選んだのは、攻めるタイプの社長。懸命に現状維持を考えているような社長には魅力を感じず、自分の事業を発展させたい、社員を増やしたい、売上を増やしたいと考えている起業家タイプの社長を「カッコいいな」と思っていました。

攻めるタイプの人は、一方で守りが弱かったりします。その弱い部分を自分が引き受ければ、パートナーとしてうまくいくのではないかと考えたのです。

そういうタイプの社長とは初対面の段階で気が合うことも多かったので、覚えていてもらえたのかもしれません。

自分なりに**「こういう人と仕事をしていきたい」と決めてから、それに合致する相手をリストアップして、優先順位をつけて営業をかける**のが質の高い人脈を築くための最善策です。

一方で、独立するときに気をつけたいことは、今までの仕事の取引先にそのままクライアントになってもらいたいと思うこと。

前職で自分がコンサルティングした案件を、そのまま独立後も引き続き担当したい、と思いがちです。でも僕はそれはしませんでした。

なぜなら、僕の先輩が開拓した顧客を引き継がせてもらっていたわけで、それは会社にお返しするのが礼儀だろうと感じたからです。

また、僕が営業をかけて契約した顧客だったとしても、黙って顧客を持っていくということは絶対にしなかったと断言できます。

やはり、そういう不義理はしないに越したことはありません。

黙っていても、いずれそういう話は明るみに出るものです。その際に「和仁って、そんなやつだったんだ」と前職の会社の人たちに思われたら、その噂は業界で広がるでしょう。そうなると、結局自分の信用を落としてしまいます。

今までの取引先といい関係を築いていて、**どうしても引き継ぎたいのなら、会社にきちんと了承を得るのが大前提です**。その場合、元の会社に監修料のような形でいくらかお金を払うことにはなるかもしれません。それでも、不義理をするよりはずっとマシです。

もし会社側が、「先方も君に継続してもらいたいみたいだから、持って行っていいよ」と言ったのなら、ありがたく引き継げばいいでしょう。

たとえ今まで勤めていたのがコンサルティング会社ではないにしても、会社で培った人脈を利用したいときは、事前に会社側に伝えておくべきです。

僕は独立後に、前職時代の同僚から、「この会社の社長の話を聞いてもらえないか」と、ある会社を紹介してもらったことがあります。

それは、前職の会社で請け負おうとしていた案件なのですが、話を聞いているうちに、和仁のほうが向いていると彼は感じたようです。紹介してくれた会社の社長は、僕と前職の会社と両方に会ったうえで、僕と契約してくれました。

ちなみに、それは能力の問題ではなく、「若くてよく話を聞いてくれるコンサルタントを求めていた」という理由からでした。

それでも前職の会社から何か言われることは一切なかったので、独立時に立つ鳥が跡を濁さなければ、あとから仕事につながるチャンスも生まれるのだと実感しました。

ちなみに、独立して20年たったとき、前職の会社からお声がかかり、元同期のコンサルタントと東京・大阪・福岡の3か所でコラボセミナーを行うことができました。

もし不義理をしていたら、このようなことはなかったと思います。

目先の利益に目を奪われず、筋を通せば今後の自分の活動に必ずプラスになります。

その手間暇を惜しまないのが、長く生き残るためには大事なのです。

03

〈見込み客づくり①〉知り合いにアポを取る

「売り込まずに、売れる方法を考える」

ここからは、見込み客をつくる具体的な方法を7つご紹介していきましょう。

トップバッターは、和仁メソッド2「自分を売り込まない営業」。これが僕の考える営業の基本スタイルです。ここからお伝えする僕の事例も、すべてそれがベースになっています。このメソッドは明確な定義をする代わりに、僕の事例を読みながら身につけていただければと思います。

今までお話ししてきたように、飛び込み営業をしたりセミナーを開くより、既に接点のある相手がもっとも見込み客に近い存在です。

そういう相手といかに1対1の密着戦に持ち込むのかが、最初のステップです。最初の難関は、初回の面談のアポ取り。こちらは会う理由だらけであっても、相手はこちらと会う理由は1つもないのです。

連絡する際は、「実は、A社を3月いっぱいで辞めて経営コンサルタントとして独立しました。一度ご挨拶に伺わせてもらえませんか。30分ぐらいお時間をいただけるとうれしいのですが」と伝えるぐらいで充分です。

この段階で、相手から「どんなコンサルをするの?」と聞かれることもありました。そのときは、「僕が今までお会いしてきた社長の中には、攻めるのは得意だけど守りが苦手な人とか結構いらっしゃるんですよ。そういう方の守りの部分をお手伝いしたいな、って思っているんです」とだけ伝えました。

この段階では具体的に説明するより、抽象的な表現に留めると宣伝色は薄まります。売り込みに来ると思ったら相手は身構えてしまうので、「社長のご意見もぜひ伺いたいです」と、相談に乗ってもらうという感じにすると、相手も「それなら会おう」とその気になる率が高くなります。

相手が会う理由をつくると、僕の場合はほぼアポは取れました。

なお、当時はメールがそれほど普及していなかったので、主に電話で営業していました。今は電話だと敬遠される傾向があるので、フェイスブックなどのＳＮＳでメッセージを送ったほうがいいかもしれません。

メールだと他の売り込みメールと一緒にされて読まれないかもしれないので、ＳＮＳのほうがダイレクトにメッセージが伝わると思います。

たとえば、今の僕なら次のようなＤＭ（ダイレクトメッセージ）を送ります。

\OK/

「こんにちは●●です。

以前、名古屋駅でお会いして以来1年ぶりになりますが、お元気でお過ごしのことと思います。時々フェイスブックでご活躍を拝見しています！

実はこのたびコンサルタントとして独立しまして、ご縁があった方々にご挨拶も兼ねて、どんなお困りごとや経営上のテーマをお持ちか、ヒアリングしています。

もしお時間をいただけましたら、会社にお伺いして、1時間ほど情報交換も兼ねてお話しさせていただきたいのですが、いかがでしょうか？

営業時代の人脈もありますので、人や情報のご紹介などで少しでもお力になれることがあれば、とも考えています。よろしくお願いします」

そして、晴れて面談のチャンスを得たとします。

ここでも、「さあ、売り込もう！」という意気込みは封印しましょう。売り込みではなく、挨拶訪問だと自分に言い聞かせてください。

ここでありがちな落とし穴は、「僕はこういう事業をしようとしています」と、いきなり出来たてホヤホヤのパンフレットを拡げて丁寧に説明し始めること。

パンフレットを渡して会社を出て、「いや〜、気持ちよく話せたなあ」と思っていても、十中八九その後の連絡は来ません。なぜなら、相手はこちらがどんなコンサルティングをするのかには興味がないからです。

相手が興味あるのは、自分のやりたいことを実現すること、もしくはお困りごとの解決なので、こちらの事業にはまったく関心を持てないのです。だから、僕は最初からパンフレットをつくりませんでした。

僕は、「ご無沙汰しております」のような挨拶から入り、「和仁さん、独立したの？」と聞かれたら、「はい、実はそうなんですよ。企業の幹部の役割を、新入社員1人を雇うぐらいの投資額で社外のナンバー2としてコンサルティングしようと思って独立したんです」とサラッと言います。

このフレーズが、のちのち効いてきます。

相手は、これを聞いても、「ふうん？」と聞き流すぐらいですが、**「企業の幹部的なポジション」「新入社員の給料ぐらいの料金」という2点はインプットされます。**

本当は、最初はドキドキしながら伝えていました。いきなり料金に関係するような話を切り出すのはリスクが高いですし、しかもそれを売り込んでいないように伝えなければならないのです。家で何度も練習して、噛まずに言えるようにしておきました。

それから、その社長や会社が今やっていることとか、これからやろうとしている話を聞き出しました。

話をしているうちに、「うちは若手社員がすぐに辞めちゃうんだよね。今時の若者はメンタルが弱すぎる」などと漏らしたら、チャンスです。それを受けて、「知り合いの会社で、同じような悩みを持っているところがあるんです」と事例ストーリーを話す。すると、「そうそう、うちもそうなんだよ！」と相手は興味を持つでしょう。

ここで、「そういう場合は、こういう対策を取ったら若者が辞めなくなりますよ」とアドバイスでもしようものなら、たちまち売り込み感が強くなります。ですので、他社の例として、「その会社ではこんな風に解決しました」と事例ストーリーに乗せて伝えると、「それができるなら、うちでもお願いしたいな」となるでしょう。

初回の面談は、ひたすら聞き役でいるぐらいがちょうどいいと思います。

僕は、相手から「和仁さんはこれから何をするの？」と聞かれない限りは、自分のことは話さないようにしていました。自分のやりたいことを伝えるより、相手のお困りごとを解決できそうだと予感させたほうが相手の関心を引けるからです。

また、これは、「作用反作用の法則」で、自分の話をしっかり聞いてくれた人に対して、自然とその人のことも知りたくなるからです。

そして、相手が「それで、どんなコンサルをやろうとしているの？」と聞いてきたなら、すぐにクリアファイルに入った資料を出します。

これが 和仁メソッド3 **「事業計画書プレゼン法」**です。

和仁メソッド3「事業計画書プレゼン法」

資料は、自分の事業計画書です。第3章で詳しく解説するミッション、セルフイメージ、カンパニースピリッツやビジョンがセットになったビジョナリープラン（133ページ以降参照）を1枚、12か月間のアクションプランを1枚、キャッシュフロー計画表を1枚。そして、第2章で紹介する「自分のトリセツ」（126ページ以降参照）の社長向け版を1枚。それらを見せながら自分が何をしたいのかを説明します。

和仁メソッド３「事業計画書プレゼン法」

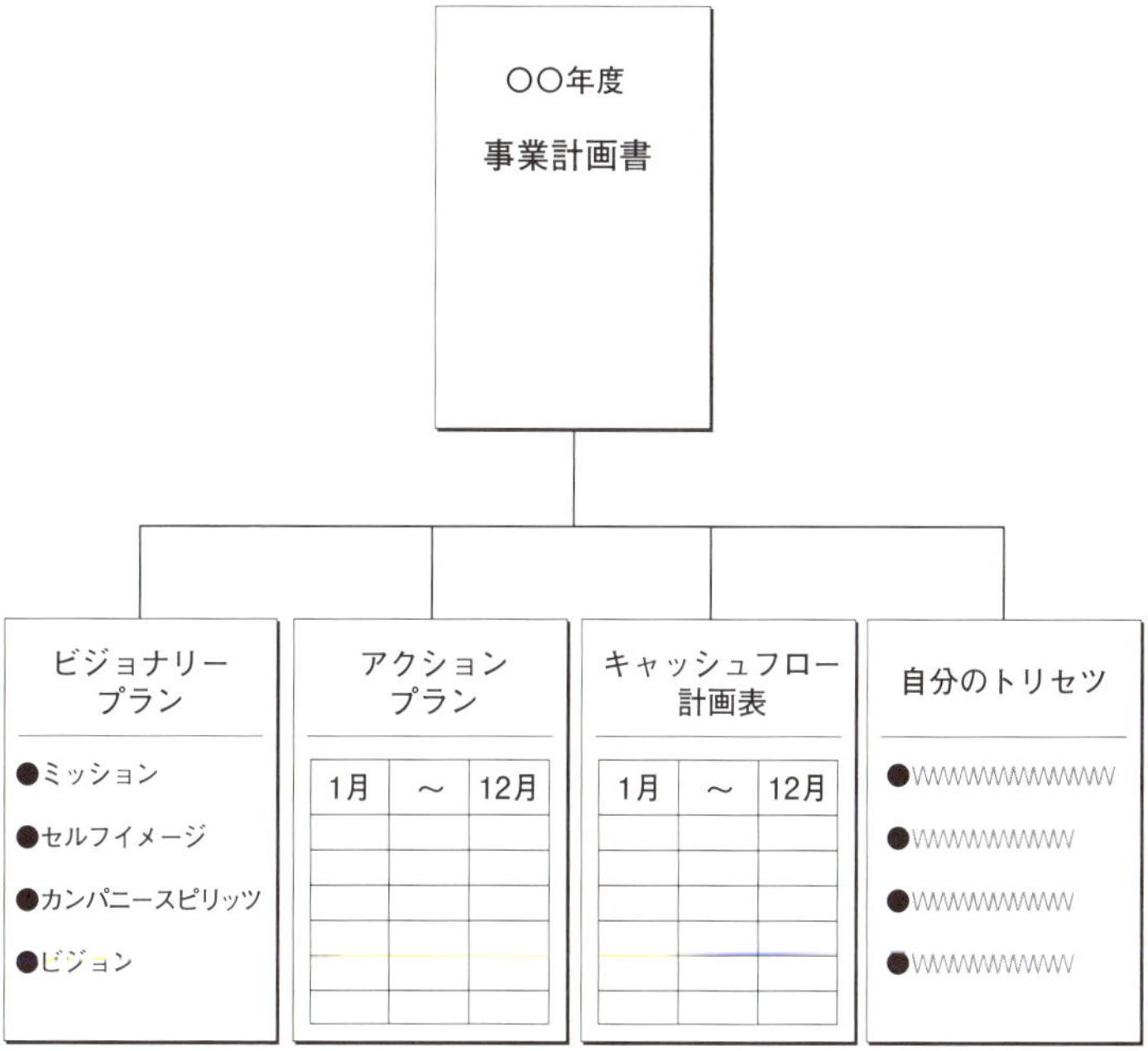

［効果効能］

「自分のコンサルティングを受けたらどうなれるのか」をクライアントにイメージしてもらう。これを見せたケースの成約率は５割（著者の場合）

これは、あくまでも**自分の事業についてのプランを文書化してあるのがポイントです**。相手のお困りごとがわかってない状態でその会社の計画書はつくれませんし、何も埋まっていない白紙のサンプルを見せても相手にはピンときません。

\OK/

「自分がこれからコンサルタントとしてやっていくにあたって、こういうミッションやビジョンを考えています。それに基づいて、1年間で何をやっていくのかの行動計画も考えてみたんです。3年後と10年後にこうなっていたいというプランも書いてみました。あと、自分1人の会社なんですけれど、収支もこうやって考えています」

と説明すると、商品を売り込んでいる感じはしませんよね。

ただ、自分の思いの丈を語る暑苦しい感じにはなります（笑）。

けれども、攻めるタイプの人は仕事に熱くなりたいと考えているものなのです。

「今はちょっとマンネリ化して、停滞しているな」と考えている人が計画書を見ているうちに、「このように、数字で見える化するのって大事だよね」と興味がむくむくと湧いてきたら、しめたものです。

相手に「ちなみに和仁さんにコンサルお願いしたら、どんな感じになるの」と聞か

著者が常に携帯している「ビジョナリープラン」

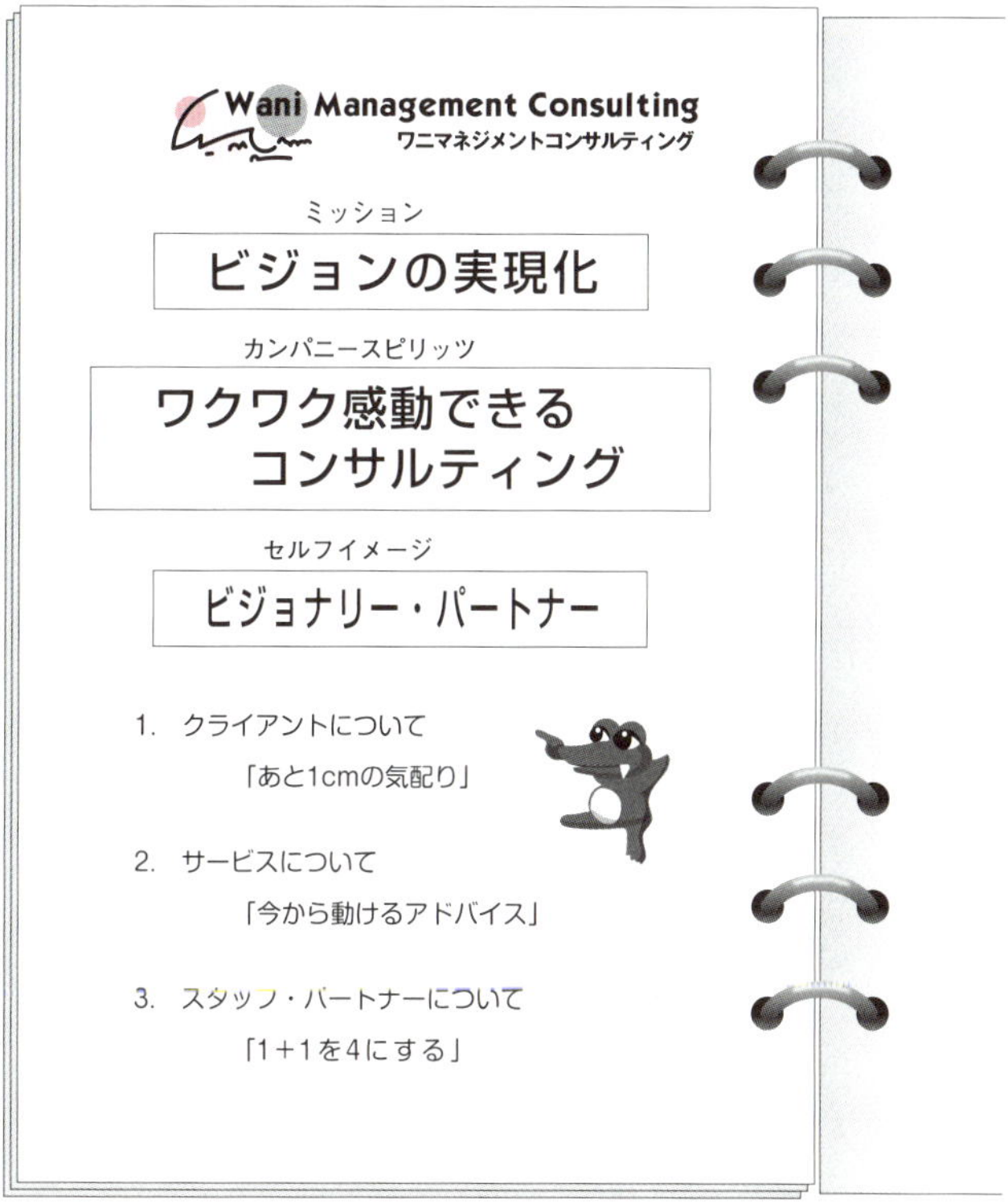

［効果効能］

コンサルタント自身がビジョンを持って経営している
という説得力が生まれる

れたら、そこで初めて、コンサルタントとして契約したらどのように関わっていくのかを「自分のトリセツ」を見せながら説明します。

最初の密着戦でここまでいけたら、契約を結ぶところまでとんとん拍子で行く確率が高くなります。僕の場合は、大体5割ぐらいの成約率でした。

なお、ビジョナリープラン、アクションプラン、キャッシュフロー計画表は完璧に埋まっていなくても問題ありません。僕が独立したばかりのころのキャッシュフロー計画表は、「これから、これぐらいお金を稼げるようになりたい」という予定にすぎないので、中身はスカスカでした。この3点セットはあくまでもサンプルであって、これらの計画書を自分でつくっているところに意義があるのです。

僕は前職時代に、自分と年齢の変わらない先輩たちが、10歳、20歳ぐらい年上の社長にアドバイスしている姿を見て、「これで本当に説得力があるのかな。僕が社長の立場だったら、『あなたはどれぐらい実践しているのか』って突っ込むだろうな」と思っていました。だから、自分が実践していることだけを伝えようと決めたのです。

独立したばかりであっても、自分でつくっていたら説得力が生まれます。最初の面談のときには事業計画書を持参して、堂々と見せましょう。

04

〈見込み客づくり②〉セミナーで声をかける

「自己PRより、プチ・コンサルで話を聞こう」

皆さんも、セミナーや講演会に参加したことはあると思います。

そこには、未来のクライアントになる企業の社長が少なからずいます。未来のクライアント獲得のためにもセミナーや講演会にはどんどん参加してみましょう。

僕は独立当初、自己投資のためにいろいろなセミナーに足を運んでいました。

そのとき、休憩時間になったら周囲の人に「どちらからいらしたんですか?」と声をかけてみました。セミナーによっては周りの人と組んでワークをすることもあるので、打ち解けてしばらく雑談をしたりします。名刺交換をする流れになったら、そこからが最大のチャンスです。

ここで、「僕は経営コンサルタントとして、こんなことをやっていまして」と自分のＰＲに走ってしまったら、落とし穴にまっさかさまです。

前述したように、相手はこちらのことに関心は持っていません。ＰＲをすればするほど、「これ以上、売り込まれたら困るな」と警戒します。

だから、相手の話を聞くことに徹します。

「どんなことをしている会社なんですか？」と尋ねると、相手は「こういうことをやっています」と答えるでしょう。続けて、「へぇいいですね。お仕事は順調なんですか」と聞くと、「まあまあですかね」「そこそこです」と、ざっくりした答えが返ってくる場合が大半です。

コーチングのスキルで「オープン・クエスチョン」と「クローズド・クエスチョン」という２つの質問の仕方があります。クローズド・クエスチョンは「はい、いいえ」のように二者択一の答えになるような質問で、オープン・クエスチョンは相手が自由に答えられる質問です。

「どんなことをしている会社なんですか？」はオープン・クエスチョンで、「お仕事は順調なんですか」はクローズド・クエスチョンです。この２つの質問を使い分けながら聞いていくと、口が重いタイプの人でも、ある程度は話をしてくれます。

ここで、さらに「そうですか、順調にいってらっしゃるんですね」と共感すると、「うーん、まあ、踊り場に来てるんだけどね」とポロっとこぼす方も一定の割合でいらっしゃいます。仕事じゃない立場で来ているので、気楽に話せるという部分もあるのでしょう。

そこですかさず、「そうなんですか。たとえばどんなことなんですか」と関心を持って聞きます。ここで大事なのは、売り込もうというギラギラした感じではなく、**「あなたのやっていることを知りたいです」とキラキラした目で聞くのがポイント**です。

人は誰でも興味を持たれて悪い気はしません。

そうすると、「実はこういうビジネスをしていて、こんな課題があるんだよね」と詳細を話してくれたりします。

そこでさらに、「そうなんですね。ちなみに、今までどんな手を打ってこられたんですか」と聞くと、「Aという手とBという手を打ってきたんだけど、なかなか成果が出なくてね」とさらに具体的に話してくれることもあるのです。

大体、ここまで話をしたら休憩時間は終わります。そのときは**「よかったら、今度、情報交換しませんか。続きをぜひ聞かせてください」と締めくくります**。

この段階ではアドバイスすることは一切ありません。**相手のお困りごとを聞き出すためのヒアリングをする**のです。

もし時間があるのなら、「僕の知り合いの会社でも同じような問題を抱えていまして」と事例ストーリーを話して、「そこではこう解決しました」と締めくくると、相手は「その話、もっと詳しく聞きたい」となるでしょう。

この段階で、自分を「仕事ができそうなやつだ」と印象づける必要はありません。それよりも、「聞き上手な人だったな」と人畜無害の印象を与えられたら成功です。

その後、3日以内に「先日のセミナーで隣の席だった和仁です」と連絡してアポをとります。がっついていると思われるのでは、と遠慮して1週間以上、間を取ろうとする人がいますが逆効果です。あまり間を置くと完全に忘れられてしまうので、記憶に残っているうちに連絡するのが基本です。

せっかくセミナーに足を運んでいながら、何の収穫もないまま帰るのはもったいない話です。積極的に周りの人に声をかけて、名刺交換をしつつ相手の情報を引きだしてみましょう。ただし、**くれぐれも露骨な売り込みはしないように**。セミナーで営業をかけるのは講師に失礼ですし、そもそもセミナーは学びの場ですからね。

僕はコンサルタントを対象に養成塾をいくつか開いているのですが、そこで宿題にしているのが、和仁メソッド4「お困りごとリサーチプロジェクト」です。

和仁メソッド4「お困りごとリサーチプロジェクト」

このメソッドは、今までどこかで会ったことがある人の中で、「この人にアプローチをしたいな」という人を10人選んで、1か月以内にお困りごとを聞いてくるプロジェクトです。

\OK/

選んだ相手には次のように話を切り出します。

「今、コンサルティングの塾に通っていて、塾の先生から宿題をもらってるんです。それは10人の人からお困りごとを聞いてくるという宿題なんです。よかったら協力していただけませんか。もしお力になっていただけるのなら、この塾で習っていることで役に立つことがあれば出し惜しみなく教えてもいいと言われているので、お教えします。もしお時間を割いていただけるならランチをごちそうしますので、60分くらいお時間をいただけないでしょうか」

相手はランチをおごってもらえて、塾で教わっていることを教えてもらえるなら、デメリットはほとんどありません。無料でコンサルを受けられるような感じもするので、「それなら会ってみようかな」と思ってもらいやすいのです。

また、「塾の先生から出された宿題だから」という〝健康的な強制力〟がはたらくので、塾生は実行しやすいようです。

実際に、トライした塾生は慣れてきて要領をつかむと、7割か8割ぐらいの確率でアポを取れています。そのうえ、相手もお困りごとは結構ざっくばらんに話してくれるようです。

読者の皆さんも、塾の宿題ではありませんが、「1人お困りごとリサーチプロジェクト」をぜひ試してみてはいかがでしょうか。

もっとも、元々の目的は、あくまで「お困りごとのリサーチ」なので必ずしも契約に結びつくとは限りませんが、そういう体験を通していろいろな人から話を聞くだけでも充分勉強になります。

また、その人からの紹介で契約につながるケースもあります。「ダメ元」精神で当たってみてください。

05

〈見込み客づくり③〉自分で飲み会を開く

「幹事ほど美味しいポジションはない」

営業マン時代、僕は述べ３０００人の社長と出会いましたが、契約を結べなかったけれども、個人的に気になる方々がいました。

その社長十数人に声をかけて、「気持ちが若い経営者の会」、縮めて「若会（わかかい）」という飲み会を定期的に開いていていたのです。これは会社から言われて立ち上げたのではなく、自分の勝手なライフワークとしてやっていました。

単純にその社長たちの濃密な話を聞きたいという想いもありましたし、会社に入った時点から将来は独立したいと考えていたので、そのための人脈づくりでもありました。

そのときの参加者は業種もエリアもバラバラ。社長同士で刺激を得られるので、「今度、知り合いの社長を連れて行ってもいい？」という感じで、交流が自然と広まっていきました。

独立して挨拶に行った人たちの数人は、この会を通して知り合った方たちです。やはり、**信頼関係がそれなりにできていたので、僕のやりたいことにも共感していただき、そのうちの数社はあっという間にクライアントになっていただけました。**

今までにそういう場をつくってこなかったのなら、これからでもつくることをおススメします。とくに、「いきなり1対1の密着戦をするのは気が引けるな」と思うのなら、飲み会で関係をつくっておくといいでしょう。

とはいえ、今は飲み会自体を敬遠する人が多いと思います。

「会社でそういう場が苦手だったから、1人で気楽にやっていくために独立したのに」と思う方もいるかもしれません。

僕は今の時代でも、人との交流の場は必要だと考えています。いやむしろ、今の時代だからこそです。

最近は著名なビジネスパーソンたちが「オンラインサロン」という会員制コミュニ

ティを開いています。普段はフェイスブックグループで交流して定期的にイベントを開き、メンバー同士で勉強会や飲み会をするなど、リアルな交流の場もつくっています。

やはり、**人とのつながりを求めているのはいつの時代も変わらない**のでしょう。大人数とつながる必要はありません。飲み会のにぎやかな雰囲気が苦手なら、朝食会やパワーランチのように少人数の食事会でもいいと思います。

飲み会でありがちなのは、不特定多数の異業種交流会のような場をつくること。これは意外と落とし穴です。

「若会」は業種やエリアはバラバラでも、「僕の目利きで集めた、気持ちが若い経営者」という共通点があるので、集まりやすかったのです。仕事も年齢も考え方もバラバラで、何の共通点もない場にいきなり参加して盛り上がるのは、かなりハードルが高いと思いませんか？　会話を交わしてもその場限りで終わってしまう交流会が多いのは、それが理由である気がします。やはり、**参加する人に面白そうだと思ってもらえるような場を設定する**必要があります。

僕は、リアルに会う前に、オンライン上での交流会を先につくりました。

もともとその社長の方たちとは、前の職場に在籍していた頃、パソコン通信で社長同士の情報交換をする会員サービスを売り込みに行ったときに出会いました。当時はインターネットが普及する前の時代で、専用ソフトでパソコンとホストコンピュータを電話回線でつなぐパソコン通信が主流だったのです。

そのパソコン通信を利用して、「若会」のメンバーが集う掲示板のようなものをつくりました。今でいうフェイスブックグループみたいなものですね。

そこで互いにどんなことをしているのかを紹介し合い、交流を始めました。今はまったく知らない相手とSNSでやりとりをするのは当たり前ですが、当時は出会ったことのない相手と交流を持てるのはとても新鮮でした。

僕がホスト役になって、「皆さんが今仕事で課題を抱えているのなら、聞かせてもらっていいですか」と投げかけると、コメントがたくさんつきました。そこで互いにやりとりをしているうちに、「実際に会ってお話ししませんか？　和仁さん、飲み会を企画してよ」とメンバーが言い出したので、リアルな飲み会がスタートしたのです。

最初は自己紹介を一通りしましたが、すでにオンライン上でやりとりをしていたので、気心が知れている仲間も同然です。あっという間に2つか3つのグループに分かれて、話が盛り上がりました。それが好評だったので、年に4回ぐらいのペースで集まることになったのです。

飲み会の幹事を2年やってから、独立して連絡を取ると、「それはぜひ詳しい話を聞かせてよ」と、すんなりとアポが取れました。

ただ、こうした場合、何度も会って友達に近い関係になっているので、いきなり商売につながる話をするのは抵抗があるかもしれません。僕もそれを感じたので、**何がお困りごとかを突き止めて、僕が関われるのか関われないかを見極めることにフォーカスしよう**、あとは流れにまかせようと思って会いに行きました。

その結果、複数社にクライアントになってもらえて、今でもおつきあいのある会社もあります。それを考えると、費用対効果は相当なものです。

もし3、4人しか飲み会に集まらなかったとしても、その人たちとしっかり関係を築いて、そのうえで「今度、知り合いの方を1人連れてきてください」と持ちかけたら、3人が6人に増えます。

そうやって人脈は少しずつ増やしていけばいいのです。広くて浅いネットワークを持っているより、**狭くて深い人脈を持っていると、今後の活動のために断然有利になります**。

06

〈見込み客づくり④〉知人に紹介してもらう

「まずはキーパーソンを探せ」

紹介は、見込み客をつくれる最強のチャンスです。

信頼できる人からの紹介なら、それだけで安心感があるので話がスムーズにまとまります。紹介してくれるのが自分のクライアントであるなら、コンサルタントを頼んでどれだけよかったのかを体験談として語ってもらえるので、自分ではほとんどPRしなくていいという願ってもない状況です。

ここでの落とし穴は、紹介を相手任せにしてしまうことです。

実績を積んだら自然と口コミで広がっていくという部分も確かにあるのですが、人はずっと自分のことを気にかけてくれているわけではありません。何もしないで、「そうだ、和仁さんを紹介しよう」となるほど甘くはないのです。

そんな成り行き任せの紹介から抜け出すには、**戦略的紹介システムをつくるのが一番です**。ここで紹介したい方法が2つあります。

1つは**和仁メソッド5**「**情報交換会作戦**」。

和仁メソッド5「情報交換会作戦」

自分のことを積極的に紹介してくれそうなキーパーソンがいたら、そういう人たちを集めて数か月や半年に1回ぐらい情報交換をする会をつくる方法です。そこで最近の活動を報告したら、キーパーソンの中での僕の情報がアップデートされるので、「そういえば、最近、こんなことに悩んでいる人がいたな」と紹介先を思い出してもらえる確率が高くなるでしょう。

要は、**紹介してもらうのを待つのではなく、自発的に紹介してもらえるチャンスを広げる**ということです。

なお、紹介してもらっても必ずしも紹介料を支払う必要はありません。その後の経過を報告して感謝するだけで、充分気持ちは伝わります。自分が相手をどこかで紹介することもあるでしょうし、それぐらい互いに信頼しあっているからこそ、この「情報交換会作戦」は成り立ちます。

もう1つは、**和仁メソッド6**「金融機関や商工会議所とのバーター戦略」です。

和仁メソッド6「金融機関や商工会議所とのバーター戦略」

これは、中小企業の社長にネットワークを持つ金融機関や商工会議所などの拠点にメリットを提供することで、紹介をどんどん増やしていく方法です。

さっそく事例を紹介しましょう。

僕の仲間にAさんというキャッシュフローコーチ（13ページ参照）がいます。Aさんは取引銀行の融資の担当者と親しくなり、銀行主催のセミナーを担当させてもらえないかと話を持ちかけて、企画にゴーサインが出ました。

そこで、銀行の会議室を借りてその銀行で取引している社長を少人数集めてセミナーを開きました。**講師料はタダでいいので、その代わり参加者とコンサルティング契約を結ぶのは自由にさせてほしいという条件にしたところ、実際に契約を取れた**そうです。

それから、Aさんは定期的にクライアントの月次のキャッシュフロー計画表をつくって数字が苦手な社長に代わって銀行に報告しました。銀行からすると、それまでドンブリ経営をやっていた会社の数字が見える化し、今の経営状態や今後どうなるのかを把握できるようになりました。貸し倒れのリスクを減らせるので、非常に喜んでもらえたのです。

銀行にとってメリットがあれば、その次からも顧客を紹介しようと思うでしょう。

Aさんのように金融機関や商工会議所の担当者と知り合いになると、顧客や会員を紹介してもらえるので、かなり心強いパイプになります。

そのパイプをどのようにつくればいいのか。

もし、銀行や商工会議所で講師をしたことのある知人がいれば、その人に紹介してもらうのが1つの方法です。あるいは、**銀行や商工会議所で開いているセミナーに客として参加する方法もあります**。

会場にはたいていそのセミナーを企画した担当者がいるので、「今日のセミナー、すっごい面白かったです」と挨拶をしながら名刺交換をします。それから、「どんなセミナーが人気があるんですか」という感じで尋ねます。すると、「法律関係の小難しい話は人気がないですね」「毎年同じようなテーマでばっかりやっているので、たまには違うテーマでやりたいと思ってるんです」などと話してくれたりします。

たとえば、そこで「じゃあ社長にとって、とても重要だけど難しい数字の話をわかりやすくかみ砕いて伝えられたらウケますかね」と聞いてみるのです。そうするとかなりの確率で、「そりゃあ喜ばれると思いますよ」と返ってくると思います。

僕だったら、そこで「お金のブロックパズル」(詳しくは153ページ参照)を描いた紙を取り出し、3分ぐらいでミニレクチャーをします。「これなら、うちの顧客の中小企業の社長にも喜ばれますよ」と言ってもらえたのなら、しめたもの。

「よかったら、今度このテーマでセミナーを開いてみませんか」と提案すると、十中八九決まります。

銀行員や商工会議所の幹部の人たちは数字に強くて決算書などに明るくても、顧客である中小企業の社長は苦手な人が多いので、双方をつなぐツールがあると話が通じやすくなります。だから銀行や商工会議所にとってもメリットのある提案なのです。

僕やキャッシュフローコーチの仲間たちの事例で言うと、三井住友海上あいおい生命保険さんとのジョイントで、定期的にセミナーを開催しています。中小企業の社長が対象のセミナーで、保険会社が見込み客などに呼びかけて参加者を集めます。

テーマは「脱★ドンブリ経営セミナー」で、お金のブロックパズルを使いながら「人件費の一部で退職金の手当が必要ですよね」「利益が出た後にキャッシュをどう残すかのところで、積み立てが必要ですよね。保険で使えるものがありますよね」と説明していきます。

これを保険会社の人が言うともろに宣伝ですが、コンサルタントが伝えると売り込み臭が消えて、ニュートラルに聞いてもらえるのです。このように、売り手と伝える人を分けてアプローチすることを、生命保険会社の担当者の言葉で言うと「役者を代える」といいます。

そうやって、保険会社にメリットがあるようにする。そのうえで、セミナーの参加者に対して、「個別で面談もできます」とアンケートを渡すと、見込み客も獲得できるのです。

とにかく、**出会いを単発で終わらせず、そこからどうやって新たに出会いを生み出すのかを考え、動いておく**と、見込み客は無限にいるのだとわかるでしょう。

07

〈見込み客づくり⑤〉リスクゼロのセミナーの開き方

自社セミナーで、人が集まらなかったら大チャンス

皆さんのなかに、今までセミナーを開いてみたものの、参加者が集まらなくて散々だったという体験をした方もいるのではないでしょうか。

焦ったり腐ったりしそうですが、本当はそういうときこそ大チャンスです。

初回から定員に達して満員御礼のセミナーを開けるのは、本を出版してベストセラーになったような一部の人だと考えたほうがいいでしょう。有名人のセミナーならお金を払ってでも受けたいと誰もが思いますが、そうではない場合は、あまり興味を持ってもらえないのは当然のことです。

ですので、特段の知名度がない大多数のコンサルタントに僕が推奨しているのが、

和仁メソッド7「超少数のセミナー」です。

これはもともと、顧客獲得型セミナーのプロとして知られる営業戦略コンサルタントの遠藤晃さんが考案したもの。その手法の詳細は、彼の著書『たった5人集めれば契約が取れる！顧客獲得セミナー成功法』（ダイヤモンド社）に綴られています。

本書の出版に際し、遠藤さんから特別に許可を得て、「和仁メソッド」の1つとして紹介させていただくことになりました。

和仁メソッド7「超少数のセミナー」

このメソッドは、前提として5人集まれば充分だと思います。**大きな会議室を借りて30人集めるよりは、小さな会議室で10人以内のセミナーを開いてじっくり話すほうが、見込み客につながりやすい**のです。

僕は遠藤さんと組んで、コンサルタントを養成する塾を開いているのですが、彼によるとセミナーには2つのタイプがあるとのこと。

1つは情報提供型セミナー、もう1つは顧客獲得型セミナーです。

スキルやノウハウを教えて稼ごうとするのは情報提供型です。これは参加費も高めにして利益を出せるようにしなければなりません。

しかし、クライアントを獲得したい皆さんがすべきなのは、顧客獲得型セミナー。見込み客と出会う場をつくるために開くので、参加費も安く抑えて、採算を度外視して開くという前提になります。

出会いの場だと考えると、30人や50人を集客するのはむしろ多すぎます。参加者は普通のセミナーのつもりで来るので、何か学んだらそれで満足して、コンサルをお願いしようとは思わない可能性大です。それだと自分にとってはセミナーを開く意味がありません。

少人数に絞って、参加者のお困りごとを引きだすようなセミナーにすると、見込み客につながりやすくなります。5人の参加者のうち2、3人がクライアントになってくれたら、100人集めて1人も契約できないよりもはるかに費用対効果があります。

ところが、5人で募集をかけても集まらないこともあります。フェイスブックやグーグルで広告を出しても、知人に情報を拡散してもらっても、それでも全然集まらない。そんなときに役立つのが、**和仁メソッド8**「**1人限定の密着型セミナー**」です。

和仁メソッド8「1人限定の密着型セミナー」

5人参加のセミナーに1人しか来ないと「痛いな」という感じですが、はじめから1人限定なら特別感が生まれます。募集している最中にチラシを変えて配りなおしても、まったく問題ありません。

セミナーのタイトルを「1 on 1セミナー」や「1 on 1ワークショップ」にすれば、コンサルタントに1対1でたっぷりアドバイスをしてもらえるという感じが出て、興味を示す人が現れ、成約につながるでしょう。


ここでの落とし穴は、「この先生は人気のないコンサルタントなんだ」と参加者に思われるのではないかと卑屈になったり、人数が少ないからといって手を抜いたりすること。生徒にしてみれば1人では居眠りできませんし、途中で帰れないというプレッシャーがある一方で、先生を独占できるお得感もあります。普段よりもテンションを上げるぐらいの気持ちで向かい合いましょう。

初めてやるときは勇気が必要ですが、大丈夫です。心配はいりません。

実際、キャッシュフローコーチのなかには1 on 1ワークショップに挑戦したメンバーが何人もいて、「相手も自分も満足度が高い」「距離感が近く、理解度を確認しやすい」「対話形式でやれて盛り上がった」など良い手応えを感じています。そしてコンサル契約を獲得したという報告も受けています。

そのうえ、**1対1だったら会議室を押さえなくてもいい**というメリットがあります。ホテルのラウンジで2時間ぐらいまでなら、コーヒー1杯で粘れます。申し込みがあったらホテルのラウンジの予約を入れ、そこに足を運んでもらうことにして、参加費は相手と自分のコーヒー代以上にしておけば、必ず黒字です。

1対1ならホワイトボードを使わなくてもiPadを見せながら説明できますし、ノートやスケッチブックなどでその場で図を書いたりしたら、相手に喜ばれます。写メを撮らせてあげてもいいでしょう。

ただ、1つだけ注意点を挙げるとすると、1対1だと距離感が近すぎて取り留めのない話をダラダラとしがちになることです。

それを防ぐには、2時間と時間を決めて、最初に前置きトークで、「今日は用意しているセミナーの内容をしっかりお伝えしますね。もし、ウチの会社の場合はどうなんだろうとか、質問があれば、終わった後にお答えします」という感じで、情報をすべて伝え切ります。

その後に個別相談を1時間ぐらい設定して相手のお困りごとを聞き出してもいいで

すし、別の日に改めて会う時間を設けても構いません。

ですので、10人集めるのが苦しいのなら、**1対1のセミナーを10回やったほうが断然効果的**なのです。

「30人集めよう」と必死になってあちこちに声をかけるぐらいなら、目標人数を1名にするとすぐに満員御礼になるので、自分のストレスにもなりません。

また、セミナーのタイトルを何にするのかも重要なポイントです。

「コーチングセミナー」とか、「財務分析のセミナー」のように、つい自分の得意なスキル名だけをタイトルにしがちですが、これはよくハマりやすい落とし穴。

僕はスキル名だけをタイトルにしないほうがいいと思います。

なぜならコーチングや財務分析のセミナーや本は世の中に溢れているので、それと同じだと思われてしまうからです。「またコーチングか」と思われたら、セミナーに興味を持ってもらえないでしょう。

そこで提案したいのが、**セミナーのタイトルも相手のお困りごとを起点にする**こと。

たとえば、歯科医院向けのコーチングのセミナーをするとします。歯科医院は医師が治療する前に、たいてい衛生士が患者さんにどこが痛いのかなどを聞き取ります。

ところが、衛生士にコミュニケーション力がないとそのヒアリングがおろそかになってしまい、医師がすべて聞かなければならないので負担が大きくなるのです。

そこで、「衛生士の聞く力をアップするコーチングセミナー」のようなタイトルにすると、衛生士にコミュニケーションを取ってほしい医師も、衛生士も興味を持つでしょう。

このように**「具体性&利益がありそう感」をタイトルにするのがポイント**です。どうしても自分の得意分野をタイトルでアピールしたくなりますが、相手の興味を引くタイトルにしないと足を運んでもらえないのだという点を忘れないようにしてくださいね。


ところで、**セミナーはフェイスブックなどで告知するだけではなく、見込み客がいつでもアクセスできるようブログやホームページにも掲載するのが基本です。**

「今度、こんなセミナーを開くので、お時間があったらぜひいらしてください」とメールにセミナー告知ページのURLを張り付けて送れば、手軽に読んでもらえます。

個人的に仲良くなった人には、そのセミナーを無料招待にしてもいいかもしれません。

08

〈見込み客づくり⑥〉教材やレポートを足がかりにする

「教材こそが『最強の宣伝ツール』である」

これはコンサルタントとして実績を積んでからの方法です。

それまで自分がやって来たことを体系化し、整理してコンテンツにしてから、DVDや小冊子、レポートなどの教材にして販売するのは、コンサルタントの営業方法の王道と言えます。僕も独立して5年目からCDやDVD（当時はカセットテープやビデオテープ）の販売を始めました。

ここでよくやってしまう落とし穴は、売りっぱなしにすること。

教材で利益を得ることだけを考えているとそういう発想になりますが、大事なのは教材を通して見込み客、ひいてはクライアントになってもらうのが、本来の目指すところです。

僕には戦略マネージャーを担当している丹羽浩之というパートナーがいます。

彼は元々外資系の企業でトップセールスマンだったのですが、僕の事業のマーケティングをしたいと申し出てくれて、独立を果たしました。今は株式会社ユメオカという予防管理型の歯科医院をサポートするためのコンサルティング会社を経営しています。

一緒に仕事を始めたとき、彼に僕の教材を購入してもらった方のリストを渡して、お困りごとをヒアリングしてきてほしいとお願いしました。

彼は電話やメールで顧客に連絡を取り、「和仁の動画を観て、わからないところはありませんでしたか?」「自社にどのように落とし込めばいいのかわからないのでしたら、無料でご相談に乗ります」と伝えました。顧客も無料でアフターフォローしてもらえるのなら喜んで面談の時間をとってくれます。

そのうえで、お困りごとを聞き出して、「当社ならこんなサポートができますよ」と伝えたら、高確率で受注をとれました。つまり、**教材を購入した顧客は単なる買い物客ではなく、そのままコンサルティングの見込み客になる**のです。

そのＤＶＤは1本1万円で販売していたのですが、それだけのお金を出すのは意識が高い方が多いので、営業としての入り口には最適だと思います。

無料でレポートを配布しているコンサルタントも大勢いますが、セミナーに呼び込むために配るというよりは、コンサルティングの受注を得るためだと考えたほうがいいのではないでしょうか。

レポートに無料アフターフォローや無料相談券をつけておけば、コンサルティングにつなげられます。

登録してもらったメールアドレス宛てに、しばらく経ってから「先日配布したレポートはいかがでしたか？　レポートの中で紹介した○○メソッドを自社にどう落とし込んで実践するかについて、希望者には30分の無料相談を行っています。ご希望でしたら、ご連絡ください」と案内メールを送れば、申し込みがあるかもしれません。

メールでのやり取りだけだとあまり反応はありませんが、そのあとに電話フォローを入れることで興味を示す人はいる可能性があります。何もしないで教材を販売しているよりは、少しでもチャンスを広げるとその先につなげられます。

09

〈見込み客づくり⑦〉ゲスト講師として呼ばれた場合

「成功のカギはアンケート用紙の中にあり」

最後は、かなり高度なテクニックになります。

コンサルタントとして実績を積み、それなりにセミナーをこなして人前で話すのに慣れたうえで、**知り合いの講師のセミナーにゲストとして呼んでもらい、しゃべらせてもらう方法**です。

できれば別の分野で活動している方のセミナーに呼んでもらえると、競合しないので見込み客をつくりやすくなります。

僕には、営業や話し方関連のセミナーを開いている営業コンサルタントの友人がい

ます。彼女が主催する連続講座に招かれて、ゲスト講師として1コマを担当していま
す。

そのセミナーに集まるのは一般のビジネスパーソンや主婦の方が主で、社長やコンサルタントで活動している層はほとんどいません。僕の見込み客の層とは違うのですが、それでも、そのセミナーに登壇したのがご縁で、キャッシュフローコーチの養成塾を受けに来てくれた方もいました。

また、受講生のビジネスパーソンが将来起業するときに、僕やキャッシュフローコーチにコンサルタントとしてサポートしてもらいたいと思うかもしれません。最近は主婦で起業する方も珍しくありませんし、その方のセミナーに通うのなら元々意識が高いでしょう。

つまり、**今すぐの見込み客ではなく、未来の見込み客になるかもしれない**ということです。何がどうつながるのかわからないので、声をかけてもらったら、自分の客層とかぶっていなくても引き受けるべきだと思います（なお、そのときのスタンスは、相手の顧客の発展に貢献するスタンスを持ち、不義理のないようにすることが重要です。あとで自分の仕事につながったとしても、それはあくまで結果論であり、狙ってやることではありません）。

とはいえ、ゲストに招いてもらうのを待っていたら、いつ声をかけてもらえるのかわかりません。

「実績を積んだら声をかけてもらえるだろう」と待ちの姿勢でいたら、落とし穴にハマっています。やはり、見込み客と出会うには、はじめのうちは自らチャンスをつくるぐらいの気持ちが必要です。

こういう場面でも、お願いするのではなく、提案するのがポイントです。

「こんなテーマで30分ぐらい話をさせてもらえたら、受講生にこんなメリットがあると思うんですが、いかがですか？」と提案すれば、「それなら面白そう」と話に乗ってくれるかもしれません。

できればセミナーを開いている知り合いに声をかけると話は通りやすいですが、自分の憧れの講師に思い切って提案してみるのも1つの方法です。ダメ元で当たってみたら、意外とすんなり話がまとまるかもしれません。

そして、**ゲスト講師として招かれたときも、受講生にアンケートを書いてもらう**のをおススメします。そのアンケートにメルマガを配信するためのメールアドレスを書く欄をつくっておけば、そこに登録してくれた方は見込み客になります（詳しくは第

4章の203ページ参照)。

もちろん、事前に主催者に了解を取っておくのは前提ですよ。

ここまで読んで、見込み客をつくる方法はいくらでもあることをわかっていただけたでしょうか。

世界的な自己啓発書『人を動かす』などの著者であるデール・カーネギーは、

「機会を逃すな。人生はすべて機会である。一番先頭を行く者は、やる気があり、思い切って実行する人間である」

という名言を残しています。

僕もその通りだと思います。

独立してやっていく人に一番大切なのは、センスでも頭のよさでも知識でもなく、行動力の一点なのです。

第2章

独立系コンサルタントはプロフィールをどう書くか

01

1分間の自己紹介のチャンス！　何をしゃべるか

「すべてにおいて『相手起点』で考える」

皆さんはおそらく、自己紹介のパターンを持っていると思います。

自己紹介の1つ目の落とし穴は、そのワンパターン化です。会場も相手も毎回違うのに、いつも同じパターンの自己紹介をしていませんか？

それだと聞き手の心には響かないでしょう。その場にいる人たちの年齢や職業、集う目的が違えば、興味を持っていることは違います。したがって、自分の話に興味を持ってもらうためには、そのつど自己紹介を変える必要があるのです。

自己紹介の2つ目の落とし穴は、「自分をどう紹介しようか」と考えること。

まずはダメパターンの例を見てみましょう。

\NG/

「えー、初めまして。今日はこんな素晴らしい会にお招きいただき、ありがとうございます。私は名古屋で人事コンサルタントをしている○○と申します。元々は一部上場企業A社で人事畑を歩み、最後は人事部長をやっていまして、5年前に社会保険労務士の資格を取得して独立しました。得意分野は人事評価制度や賃金規程の策定でして、社員の能力を等級で区分して、納得の評価をする仕組みをつくり……」

この自己紹介では、聞いている人たちが話の途中で飽きて、スマホをいじりはじめる姿が目に浮かぶようです。

一体、どこに問題があるのでしょうか。

これは話し方の問題ではなく、目的を間違えているのです。

普通は、学歴や今までの経歴、資格などを伝えて自分を知ってもらおうとします。起業している人やフリーランスの人は、自分の職業について話すでしょう。

僕は、自己紹介の場は、自分を覚えてもらう場だと考えていません。

「この人は私に必要だ！」と聞き手に思ってもらう場なのです。

そのためには相手が何を聞きたがっているかを、毎回考えなくてはなりません。**「自分起点」ではなく、「相手起点」で話す内容を考える必要があります。**

たいてい話し方の本では、「自分を相手に覚えてもらうために、特徴や長所を一言で表そう」「最初の10秒のツカミが大事」といったことが書いてあります。一見、相手の立場に立った話し方のように感じます。

これを律儀に守って、「こんにちは。ホノルルマラソンで、5年間連続で完走した和仁達也と申します。浅田真央ちゃんと一緒に走ったこともあります」といった感じの自己紹介をする人もいます。

でも、これは「相手が自分を知りたいと思っている」という前提になっています。少人数の飲み会の場ならOKですが、交流会のような大勢が集まる場では、必ずしもそうではありません。有名人ならともかく、自分のことを知らない人ばかりの集まりなら、そこにいる人たちは自分に対してそれほど興味は持ってくれていません。

だから、自分を知ってもらおうとするのではなく、その場の人が聞きたがっていることを話すのが大事なのです。

この2つの落とし穴を解決するには、どんな自己紹介がいいのでしょうか。

それには、**まず相手をよく分析することです**。

たとえば、その会場に、30人の社長が参加しているとします。

その30人の社長の頭上には「お困りごと」がのしかかっています。

僕は独立する前から、営業で中小企業の社長と話す機会が多くありました。そのときから、「世の中の社長の悩みは、3つに集約されるのでは？」と感じていました。

それが、**和仁メソッド9**「**社長のお困りごとトップ3**」。最初にできた、僕のオリジナルメソッドです。その骨子をご紹介しましょう。

和仁メソッド9「社長のお困りごとトップ3」

①会社のお金の流れが漠然としていて、先の見通しが立たない
②社長と社員の立場の違いが生む危機感のズレ
③次のビジョンが見えない

これらがすなわち、「相手の聞きたいこと」になります。

たとえば①のお困りごとに関心がある人が多ければ、僕ならこんな自己紹介をします。

\OK/

「こんにちは、リレーショナル・パートナーの◯◯です。私の周りの社長からよく聞く悩みに『採算意識のない社員への不満』『現場のスタッフに引っ張られて、経営陣としての意識に欠ける幹部への不満』などがあります。それらはすべて、『社長と社員の立場の違いからくる危機感のズレ』によるものだと気がつきました。そして、そこに必要なのは、『社長と社員の架け橋となる、通訳のような第三者の存在』ではないか、と感じています。そこで、わたしはミーティングで社長の考えを第三者の立場から社員に伝えたり、逆に社員の考えを個別面談で引き出して会社の方針との一致点を探ることによって、会社と社員が同じベクトルで進む手助けをしています。社長と社員のギャップを縮めて、ベクトルを揃えることに興味のある方は、名刺交換でお声をかけてくださいね」

どうでしょうか。全然「普通の自己紹介」ではないですよね。経歴や実績、資格などについてはまったく触れていません。

多くの中小企業の社長は人のことで悩んでいます。とは言え、いきなり大企業向けの人事評価制度を自社に取り入れようとは考えにくいものです。

そんな大掛かりな制度より、**「情報量の不一致からくる誤解」**や**「言葉にならない不安や不満が渦巻く重たい雰囲気」を解消したい、と感じている社長は多いもの。**それを解消できると、「この人は自分に必要」と思ってもらえるでしょう。

社長でも、年齢や業種などによってお困りごとの内容は変わってくるので、その場に合わせてアレンジできるようにするのがベストです。

コンサルタントとして独立した人たちの集いなら、こう話します。

\OK/

「皆さんこんにちは。今日この場に出席されている方は、コンサルタントとして志のある方が多いと聞いています。僕はよくコンサルタントから、こんな悩みを聞きます。1つ目は、『報酬は高いけれども、コンサルしている中身が自分のやりたいこととズレている』っていう悩み。2つ目は、『クライアントに感謝されているけれども、それに見合った報酬をもらえていない』という悩み。つまり、仕事の内容と報酬額がバランスしていないと感じている人が多いんですけど、皆さんはどうですか」

これを聞いたら、「あー、言われてみればそうだ」とその場にいるコンサルタントの多くは思うでしょう。

そのうえで、「納得の報酬を得ながら、かつやりがいのあるコンサルをする方法があって、それを僕は普段セミナーでお伝えしています。興味がある方にはお伝えするので、後で名刺交換のときに話しかけてくださいね」と伝えたら、名刺交換をしたい人が行列するでしょう。

最後に3つ目の落とし穴は、「後日」を当てにすること。今日は名前だけ覚えてもらって、後日改めて営業をかけようと思うことです。

その場では大勢の人と名刺交換をしているので、相手は会場を出たらほぼ忘れてしまいます。翌日、名刺フォルダーに名刺をしまったら、永遠に忘れてしまう可能性が大です。

とはいえ、1分間の自己紹介ではさすがに仕事を取れません。だから、**自己紹介の後の懇親会で名刺交換の列ができるような自己紹介にする**のです。

そのためには、どうしたら名刺交換をしたいと思ってもらえるか。ホノルルマラソンの話では列はできません。そこから発想すると、1分間の使い方はガラッと変わるはずです。

02

プロフィールのどこを読んでもらうべきか

「最初の1行が勝負」

自分の事務所のホームページやSNS、メディアで取材を受けたときなど、自分のプロフィールをどう書くかはものすごく大事なポイントです。なぜなら、自分のことを知らない人がそのプロフィールを読んで、第一印象が決まるからです。

実は、ここでも落とし穴があります。

それは、「プロフィールをすべて読んでもらえる」と考えることです。

普通は、こんな感じのプロフィールでしょうか。

\NG/

「山田太郎　社労士　名古屋社労士会○○支部所属。○○大学経営学部卒。一部上場企業A社に33年勤務し、人事部長も経験。2014年に山田太郎社労士事務所を設立。人事評価制度や賃金規程の策定などを通じて中小企業をサポートいたします」

すごくまじめで信頼できそうな印象は受けます。けれども、依頼しようと思うほどの決め手には欠ける。そもそも、これをすべて読む人は2割もいないでしょう。半分ぐらいで読むのをやめると思います。

僕はこんなプロフィールにしています。

\OK/

ビジョナリーパートナー　和仁達也（わにたつや）
1972年生まれ。ビジョンとお金を両立させる専門家「ビジョナリーパートナー」

「ビジョナリーパートナー？　何それ？」という感じだと思いますが、これは僕がつくった肩書です。クライアントの「ビジョンの実現化」をサポートし、お金の悩みを解決するパートナーという想いを込めてつくりました。

この肩書を見た瞬間、相手はそれぞれのイメージでビジョナリーパートナー像をつくりあげてくれます。それが僕に対するイメージになるわけです。

実際には、著作でもホームページでも、プロフィールはもっと長く詳細を書いてあります。しかし、すべてを読んでいただかなくても、**最初の1行だけ覚えてもらえれば上々だ**と考えています。

社労士1本で行きたいなら社労士、税理士なら税理士でも、もちろん構いません。

ただ、本当はコンサルをやりたいのに最初の1行に士業名を書いてしまうと、「この人は社労士さんだ」というイメージが固まってしまい、そこから覆すのが難しくなります。これが2つ目の落とし穴です。

前述した社労士の山田太郎さんの例で言うと、プロフィール文の最後に「会社の人材に関する問題を解決する経営コンサルタントも兼業」などと書いても、誰もコンサルタントとしてお願いしようとは思わないでしょう。社労士の山田さんとしてインプットされたので、労務に関することしかお願いしたいとは思わないわけです。

したがって、経営コンサルタントとして本格的にやっていきたいのなら、最初に書くこと。

「経営コンサルタント　山田太郎　社労士としても5年のキャリアを持つ」というプ

ロフィールなら、「人事関係も詳しいコンサルタントなんだ」とお得感が生まれます。

名刺も、やはり最初の1行が命です。

経営コンサルタントで勝負をしたいなら、「経営コンサルタント　山田太郎」と堂々と書きましょう。「経営コンサルタント・社労士」と並列に表記すると、インパクトが薄まってしまいます。社労士などの資格は、名刺の裏に実績欄をつくって、そこに書くのをおススメします。

これは人前で自己紹介するときも同じで、最初に相手が自分に求めているイメージにつながることを持ってこなければなりません。先ほどの山田さんとは別の事例です。

\NG/

「私は税理士になって20年になります。地元で愛されるようにと頑張って中小企業の社長の相談に乗っています。〈中略〉最近コンサルティングも始めましたので、経営関係でお悩みの方はぜひご相談ください」

これだと、経営コンサルティングを求めている人の心には刺さりません。

それでは、次のような自己紹介はどうでしょうか。

＼OK／

「社長のお困りごとを解決するために、経営数字の面からサポートしようと思って経営コンサルタントになりました。普段は社長や社員との面談で、数字を使って『どのようにやりたいことを実現するか』というコンサルティングをさせていただいています。非常にやりがいがあってクライアントにも喜んでいただいています。税理士としての資格も持っていますので、節税対策や相続税に関することもアドバイスしています」

これなら経営コンサルタントとして依頼しようという気になるのではないでしょうか。

このように、**プロフィールをつくるときに順番は大事です**。

たんに肩書や経歴をひけらかすのではなく、明確なイメージを相手に持ってもらうことを第一に考えましょう。

03

何と名乗るかで、「やること」と「報酬」が決まる

「肩書は自分でつくってしまう」

ここまでは、大企業での豊富な経験を活かして独立する人の例を紹介しました。こうした人たちのなかにも、コンサルタントとして独立する際、資格を取って武器にする人は大勢います。ところが、そこには衝撃的な落とし穴が待っています。

実は、「税理士です」「社労士です」「会計士です」と名乗った時点で、この先の自分の報酬がほぼ決まってしまうのです。

なぜなら、「税理士です」と言った瞬間、相手の頭にある税理士の相場観の枠にはめられてしまうからです。

税理士は顧問契約が大体月５万円ぐらいが相場だとすると、「この税理士先生に頼むなら、５万円か」とそこでほぼイメージが固まってしまいます。社労士で顧問料は月３万円ぐらいが相場なら、「月３万円ならいいか」と思われるかもしれません。

10社のクライアントを獲得したとして、月の報酬換算で30万〜50万円。税理士で20社こなしたら年間報酬でなんとか１０００万円に届きますが、忙しすぎてクオリティが下がるでしょう。いずれにせよ、**一度固まったイメージはなかなか覆せません**。

士業でのイメージが固まった後で、「実は経営コンサルタントもやっているんです。月15万円の契約でコンサルタントもしていますが、いかがですか」とアピールしたら、「高っ。ぼったくり？」となってしまうわけです。

「うちは社労士としての契約だけお願いします」と言われてしまったら、そのクライアントで自分ができるのは社労士としての仕事だけ。「やること」と「報酬」がほぼ決まってしまいます。

だから、**最初の名乗り方は重要です**。

前の項目のように、最初に経営コンサルタントと名乗ったなら、「やること」も「報酬」もすぐには決まりません。士業と違い、**経営コンサルタントの世界に相場はないも同然です**。大御所だと、単発のプロジェクト型で数百万円から数千万円はするのではないでしょうか。ちなみに、僕は月1回訪問で月額30万円以上のコンサルティング報酬をいただいています。

さらに、経営の範囲は広いので、どこを専門にするかによって、「やること」と「報酬」は変わってきます。だから、相手のイメージの枠にはめられることはないのです。

僕の肩書、ビジョナリーパートナーだったら、どうでしょうか。「やること」も「報酬」も、まったく見当がつきませんよね。**相手のイメージに支配されたくなければ新しいポジション、新しい価値観を自分でつくる**ことです。

新しい価値観をつくるためにおススメするのが、**和仁メソッド10「あるべきセルフイメージの再構築」**です。

和仁メソッド10「あるべきセルフイメージの再構築」

あるべきセルフイメージの再構築とは「自分は何者になりたいか」というイメージを自分なりに決めることです（詳細は第3章の142ページ以降参照）。

僕はキャッシュフローコーチという肩書も持っていますが、これも「やること」と「報酬」を自分で決められます。

僕の知り合いでは、「理念実現パートナー」や「ビジョンナビゲーター」、「キャッシュフロー社労士」といった肩書をつくっている人たちがいます。どの肩書も初めて聞いた人は、「え？　何ですか、それ」となります。

相手が肩書の意味を尋ねたら、その意味を説明しつつ、「こういう仕事をしています」とアピールできます。そこで自分が何者なのかが形づくられていくのです。

肩書は堅苦しく考えずに、「世の中を元気にするエンカレッジパートナー」のように、抽象度高めの表現でもいいと思います。**自分のやりたいことを表現していて、かつ、まわりがそのイメージで自分を見てくれるようになる肩書が理想的です。**

こういう話をすると、「もう既に士業やコンサルタントの名刺をたくさん配ってしまった」と、今さら変えられないと思う人もいるかもしれません。

でも、そんなに重く考える必要はありません。

2つ目の落とし穴は、「肩書はむやみに変えてはいけないと考えてしまうこと」。

プロフィールの最初の1行、最初の名乗り方は重要だと言いましたが、思い悩んで何も名乗れなくなったら、本末転倒です。

そういう場合は、自分をリニューアルオープンすると考えてみましょう。すぐに新しい肩書をつくって、しばらくそれで名乗ってみればいいのです。

たとえば、「プロフェッショナルPRコンサルタント」という肩書を思いついたら、しばらくそれで自己紹介してみる。そして、「ちょっと長すぎるかな」「肩書を名乗っても相手がピンと来てない気がする」と感じたら、別の肩書に変えるのです。

よほどの有名人でない限り、肩書を変えても、世の中の人はまったく気にしません。それどころか、「肩書を変えたので、名刺を変えたんです。もう一度、お名刺を渡してもいいですか？」と名刺を渡したら、二度アピールできることになります。

リニューアルオープン感と、勉強しながら進化している感がアピールできるので、決してマイナスにはなりません。ですので、**肩書は更新ＯＫ。自分にピッタリな肩書が見つかるまで、カメレオンのようにどんどん変えていきましょう。**

そして、実績や実力がつき、知名度が上がったときに、「ビジョンとお金を両立させる専門家」のように、**相手のお困りごとにフォーカスした一言をプロフィールに入れられたら最高です。**プロフィールを読んだだけで、「この人に一度会って、話をしてみたい」と思ってもらえるかもしれません。

肩書は新しくつくったほうが、自分で「やること」も「報酬」も決められるということを、理解していただけたでしょうか。

04

士業の人がコンサルタントになれない理由

「資格には『死角』があると知っておく」

「手に職をつけたら安定した生活を送れるし、食いっぱぐれない」

そう信じて士業の資格を目指す方は大勢います。

これが資格に関する落とし穴の1つです。

税理士や社労士の資格を取った方から、「社長の右腕になりたいと思って資格を取った」と聞いたことがあります。ところが、「きっと社長の相談相手になれるのだろう」と思っていて、いざ実務を始めたら書類作成ばかりで、社長との会話の機会などほとんどなくて幻滅したそうです。

しかも、今は士業も人があふれかえっているので、仕事がそれほどない。それどころか、いずれＡＩが台頭したら士業の仕事はほとんどなくなるとまで言われていて、将来が安定しているとは言えない業界です。

ですので、もし、コンサルの仕事をするために**資格を取ろうか悩んでいるのなら、ムリして取る必要はない**と僕は思います。

そもそも、コンサルタントの持つ資格や知識には、クライアントはまったく関心がありません。**クライアントが関心を持っているのは自分のお困りごとを解決してくれるかどうかという点だけ。**国家資格を持っていることをアピールしてもほとんど響きません。

社長はキレイな包装紙やリボンが欲しいのではなく、役に立つ中身が欲しいのです。

自分のお困りごとを解決してくれそうだと思ったら、「でもこの人は信頼できるのだろうか」と安心できる材料を求めます。そこで資格が後押しする材料になることもありますが、ほかに安心できる材料があればそれで納得するでしょう。

「安心は後」にくるものであり、先ではないのだと理解したほうがいいと思います。

かくいう自分も、中小企業診断士とファイナンシャルプランナー（ＦＰ）の資格を取ろうと、20代のころはスクールに通っていました。

最初は中小企業診断士の資格を取ろうと1次試験に合格し、27歳で独立してからも2次試験を受けるためにスクールに通っていました。

しかし、あるとき、ふと気づいたのです。次のような事実に。

「今、教えてくれているこの先生より、自分のほうが稼いでいるんじゃないか？」

僕は今までの著書でも話してきましたが、独立して2年目で年間報酬1000万円を超えるようになっていました。

そのスクールで生徒に教えている中小企業診断士の先生は、「僕は企業でこんなコンサルタントをしています」と話していました。それを聞いていると、「そのコンサル内容なら、企業に毎月8万円の顧問料をもらっている感じかな」と、大体予測がつきます。クライアントを何社持っているとも話していたので、ざっくりと年間報酬を計算してみたのです。

すると、どうやらコンサルタントを始めて2年目の僕のほうが、年間報酬が多い。

そこで「この資格をとって、営業的に意味あるのかなあ」と我に返り、資格を取るのをやめることにしました。

それでも、資格のような確かなものがあるといいかなという思いがあったので、次にファイナルシャルプランナーを目指しました。

ＡＦＰという初級編の試験は難なくクリア。

「さあ、次は上級編のＣＦＰだ」と、仕事の合間を縫って勉強し、土日も図書館に通って、万全の態勢で試験に臨んだのです。

そして迎えた、試験当日。試験開始の合図とともに、僕は答案用紙と格闘を始めました。

しかし、始めて10分ぐらい経ったときに、ふと思ったのです。

「そういえば、自分は何のためにこの資格を取ろうとしたんだっけ。どんな保険や金融商品があるのかを知りたいっていう理由だった。でも、それって、ＦＰの資格がないとわからないものか？　そもそも、クライアントの社長がその情報を知りたいって思うのか？」

自問自答して、僕の中で「この資格、自分には必要ないな」と答えが出たので、さっさとペンをしまい、答案用紙を裏返して、席を立ちました。

「えっ、あいつ、もう終わったの？　すげーな」とざわめいている声を背中に、僕はスッキリした気持ちで会場を後にしました。ちょっと嫌味なヤツですよね。今思うと、「もっと早い段階で気づけよ」という感じですが（笑）。

そして、**僕は資格も何もないまま、20年以上、経営コンサルタントを続けてきました。**

経営コンサルティングをする上で資格そのものはそれほど役に立たないと思っていますが、資格を取るためにした勉強は決してムダにはなっていません。あの時期、目標に向かってコツコツと勉強に打ち込んだ経験と、そこで得た経営全般を網羅した知識は意味があったと思っています。

ただ、中小企業の社長の多くは中小企業診断士の存在自体を知りませんし、知っていてもそれだけでコンサルティングを依頼しようとは思わないでしょう。資格はあってもムダにはなりませんが、仕事を取れるようになるとは限らないのです。

2つ目の落とし穴は、資格がゴールになってしまい、資格に縛られること。

ゴールはあくまでも、クライアントのお困りごとを解決することです。この目的をはき違えてしまうと、資格を取った段階で満足して、「資格があれば仕事が取れる」と思ってしまいます。

これはマラソンレースのために入手困難な有名メーカーの高額なシューズを何とか

手に入れて、それだけで勝ったような気になって安心してしまい、日々の練習を疎かにするようなものです。

その挙句、手に入れた苦労と金額に縛られて、たとえそのシューズが自分に合わなくても、そのシューズでムリに走って足を痛めてしまうかもしれません。

あるいは、まわりに「このシューズを履かないと、完走できませんよ」と勧めることも考えられます。本当はシューズよりも走ること自体が重要なのに、いつの間にかシューズありきの発想になってしまうのです。

繰り返しになりますが、**資格を持っていることと、クライアントのお困りごとを解決するのは、まったく別の話です。**

そもそも、**お困りごと起点の資格はありません。**カリキュラム起点になっているので、資格を取ってもビジネスの現場でそのまま役に立つわけではないのです。

だから、資格は絶対的な武器になると思わないこと。

確かに、資格を持っておくと、クライアントに営業をかけるときに自信を持って売り込めるかもしれません。お守り代わりにはなると思いますが、それで仕事が決まることはほとんどないので、資格頼みにならないようにしましょう。

自分の実力に基づいた、本物の自信を手に入れることが大切なのです。

05

クライアントからどう見られたいのか

「専門性より大切なのは、『お困りごと』の解決」

皆さんは、クライアントにどう思われているのかを考えたことがありますか？

僕は一般社団法人日本キャッシュフローコーチ協会を立ち上げて、クライアントの社外ＣＦＯ（最高財務責任者）として、経営数字を使って本業の発展をサポートするコーチを育てる活動をしています。このキャッシュフローコーチのノウハウを身につければ、コンサルタントとして社長をサポートできるようになるということです。

既に多くの税理士や社労士、会計士などの士業の方も会員になり、キャッシュフローコーチとして活躍しています。

プロフィール

一方で、よく相談を受けるのは、「今までのクライアントにコンサルタントとして見てもらいたいのに、受け入れてもらえない」という悩みです。社労士とコンサルタントとの2本柱にしたいと考え、「社長、ミッションやビジョンをつくりましょう」と提案しても、「あなた社労士さんでしょ。なぜコンサルタントみたいなことを言うの？」みたいな目で見られて、それ以上何も言えなくなってしまうのだそうです。

そんなときは、**まず自分がどのポジションにいるのかを再確認しましょう。**

そのために使うのが、**和仁メソッド11**　**「十文字の理論」**です。別名「役割と存在価値のマトリックス」といいます。

この十文字（マトリックス）はクライアントの頭の中にある、あなたのイメージだと想像してください。**横軸は「お困りごと優先」か「専門性優先」か、つまり役割であり仕事の中身。縦軸は、「自分の存在価値の大きさ」。パワーバランスでもあります。**

もしクライアントと対等に話せるのなら、縦軸の自分の存在価値は真ん中です。上に行くほどクライアントに尊敬され、存在感も上がります。もし会うたびにクライアントのご機嫌をとるような御用聞き的な存在なら、下のほうに位置しています。

横軸には、左方向には士業などの専門性に特化した業務、右方向にはクライアントの本業のお困りごとを解決するコンサルタントとしての業務が入ります。たとえば社

和仁メソッド11「十文字の理論」

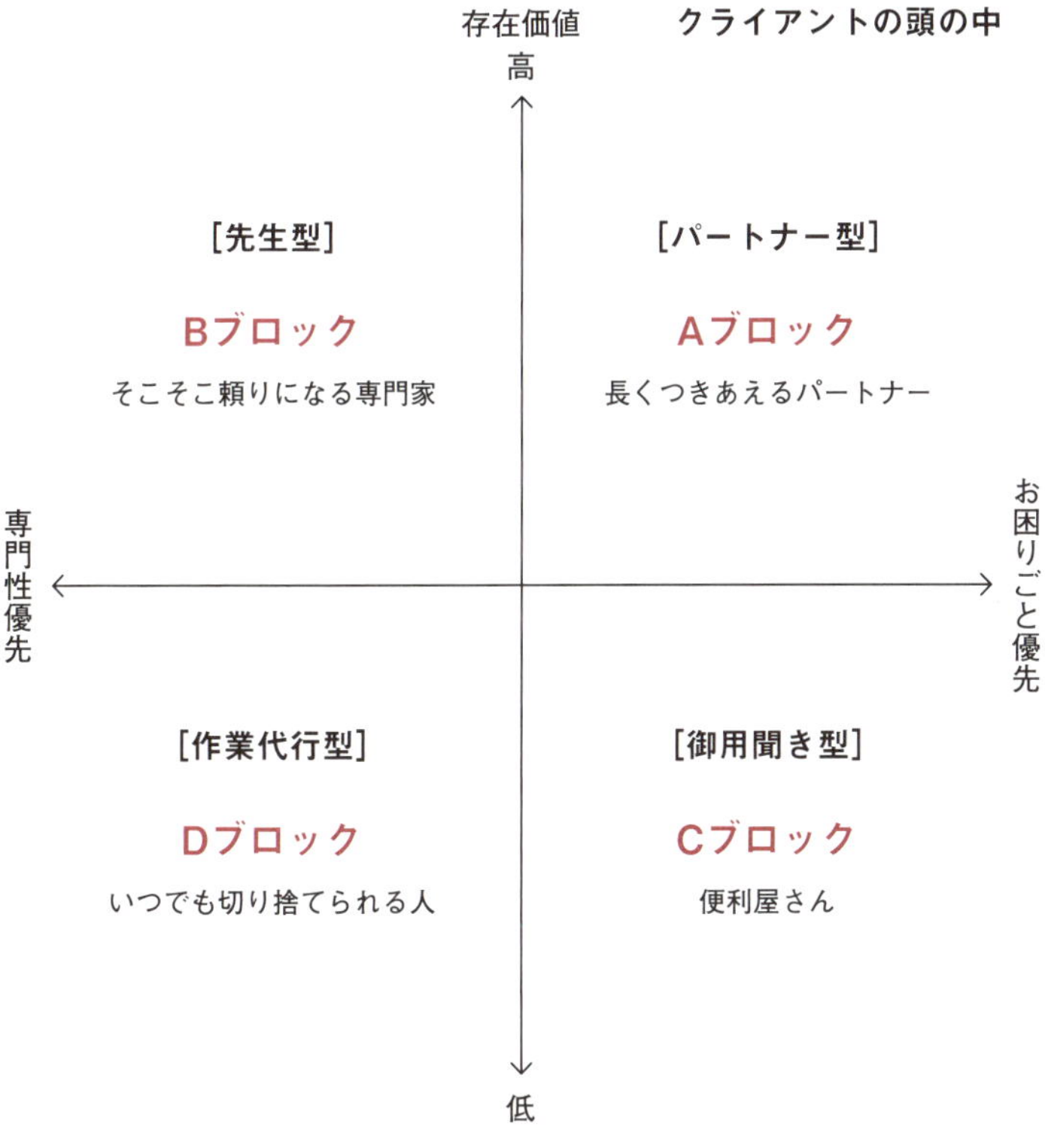

[効果効能]

クライアントにとっての自分の位置づけがわかる

労士なら、給与計算や就業規則の作成、社会保険の手続きなどの業務が左側に入ります。そして右側には、会社のビジョンやクレドの策定、採用や教育のアドバイス、ミーティングの司会役などが入ります。

この十文字を図にすると、4つのブロック（ポジション）に分かれます。

和仁メソッド11「十文字の理論」

Aブロックは存在価値が高くてコンサル度の高い業務をクライアントに提供しているるので、コンサルタントとして長くつきあっていきたいと思ってもらえます。

Bブロックは存在感はあるけれども、コンサル度は低い。たとえば、社労士としての専門業務しかこなしていなければ、今までもこれからもずっと社労士の先生としか見てもらえません。社労士1本で食べていけるのならそれでもいいですが、同業との戦いが熾烈になってくると、そのポジションを狙われる可能性もあるでしょう。

Cブロックはコンサル的な業務をこなしているのに、存在価値は低い。これは多くのコンサルタントが抱えている悩みです。おそらくコンサルのやり方に問題があり、表面的なアドバイスぐらいしかしていないのかもしれません。あるいは、お困りごとを解決できていないので、実績が上がっていないのか。

ここにいると顧問料もなかなか上げられず、いつか仕事を切られる可能性大です。**Dブロックは専門業務をやってはいるけれども存在価値が低い**、切り捨てられやすいポジションです。本人の業務のレベルが低いのか、あるいはクライアントが「作業代行業のようなもので、安く頼めるなら誰でもいい」と考えているのか。いずれにせよ、ここにいたら危険です。

もちろん、目指すはAブロックです。

ただし、ここでの落とし穴は、すぐにブロックを移動できると考えてしまうこと。

たとえば、キャッシュフローコーチとしてクレドやアクションプランをつくるコンサル業務を加えたくても、A以外のブロックにいる人はそう簡単ではありません。

なぜなら、各ブロック間には高い壁があるからです。Bブロックにいる人は横に移動するだけ、Cブロックにいる人は上に移動すればいいだけだと思っていても、そこには壁があるからなかなか乗り越えられない。Dブロックは横と上の両方に壁があるので、ほぼ乗り越えるのは不可能です。自分のいる位置を理解しないでいきなり提案しているから、クライアントに冷たい反応をされてしまうのでしょう。

それでは、どうすればAブロックに行けるのか、次の項目で詳しくお話しします。

06

コンサルタントとしての存在感を高めるには

「自分の見せ方は自分でマネジメントする」

十文字の理論で相手の頭の中にある自分のポジションを変えるには、存在価値を高くして、コンサル業務を提供できるようになる必要があります。

そのためには、ブロック間にある壁を乗り越えるという発想ではなく、「入り口を入りなおす」のが有効です。**Aブロック以外にいる人は、いったんそこから出て、Aブロックの入り口から入りなおしましょう。**

入り口を入りなおす方法が、**和仁メソッド12** **「凱旋《がいせん》帰国理論」**です。

プロレスファンなら名前を聞いただけでピンとくるかもしれませんが、「●●選手が凱旋帰国した」というフレーズはプロレスでよく使われます。

前座だった若手選手が経験を積み重ねていき、会社としてもそろそろスター選手としてスポットを当てたいと考えているとします。しかし、観客には新米プロレスラーのイメージが定着してしまっているので、いきなりスター選手扱いにするのは難しい。

そういう場合は、海外に武者修行に行かせるのです。アメリカやメキシコ、ヨーロッパで2、3年修行をして、実績を積ませます。実は日本のレスラーはレベルが高いので、海外ではすぐにヒーローになれたりします。

そんな話題をたくさんつくってから、「メキシコでメインイベンターになったあの選手が、ついに日本に凱旋帰国するぞ」と東京ドームのような大舞台でイベントを開くと、一気に日本での知名度が上がるのです。

和仁メソッド12「凱旋帰国理論」

この「凱旋帰国理論」をコンサルタントに当てはめると、税理士や社労士など士業が顧問先にコンサルティングを提案するなら、新規のクライアント1社か2社でまずコンサルタントとしての実績を積みます。そしてそれから既存の顧問先に交渉するのです。

\OK/

「実は内緒にしてたんですけど、僕はこの1年間コンサルタントとして実績を上げてきました。その内容はお困りごとへのアプローチなんですが、こういうお困りごとって御社でもあるんじゃないですか？　それを解決するためのお力になりたいと思っています。今日はその辺のお話をしたいので、30分ほどお時間をいただけませんか」

そのように伝えてからコンサルタントをした会社での成果を見てもらえば、「うちでもお願いしたい」と思ってもらえ、Aブロックから入れるのです。

とはいえ、新規のクライアントを見つけるのは、そう簡単ではありません。

それまで待てないという方は、もっとストレートに攻める和仁メソッド13**「期間限定ディスカウント法」**があります。

和仁メソッド13「期間限定ディスカウント法」

まず、クライアントのお困りごとを大まかに把握します。次に、それを「こういうことでお困りではないですか?」と示唆し、同意したら、「これを解決すれば、3か月後、6か月後、1年後には会社はこうなると思うんです」とアクションプランを提示するのです。そのうえで、期限を決めて報酬の値下げを申し出ます。

\OK/

その際には、「まだ、コンサルタントとしての実績はないのですが」と正直に伝えるしかないでしょう。

「実績がないので簡単にはいかないかもしれませんが、社長がこのお困りごとを解決するためのサポートをしたいのです。いずれコンサル料は月額15万円を予定しているのですが、今は新人の身ですので、半額の7万円でやらせていただきたいと思っています。1年後には15万円をいただけるように全力でサポートいたします」

このように伝えれば、相手も心が動かされると思いませんか?

もし、それでも「経験がないのに任せられない」と言われたら、「凱旋帰国理論」を実践してみればいいのです。

この2つの方法を使えば、どのブロックにいる人でもAブロックに入れます。

Aブロックに入れば自然と存在価値が上がるので、相手に認めてもらうために「呼ばれたらいつでも駆けつける」ようなことをしなくても仕事を継続できます。

ここでの落とし穴は、先生型コンサルタントになろうとしてしまうこと。

先生型のコンサルタントは、社長にスキルやノウハウを教えるので、確かに社長よりポジション的には上になります。自分の地位を上げて、社長よりも上か対等になりたい気持ちはわかりますが、実績がない人にはまずムリです。

しかも、**多くの社長は「上から目線で人から教えられる」のを好みません**。一国一城の主なので、人から指図されるのが不快なのです。ですので、先生型コンサルタントは長くつきあっていくのは難しいポジションになります。

そこで**目指したいのは、パートナー型のコンサルタント**。社長とは対等の立場になり、何かを教えるというよりは、社長が気づいていない盲点を気づかせる役割になります。これなら社長の右腕となり、かけがえのない存在になります。

コンサルタントとしての矜持《きょうじ》を守るためにも、Aブロックのポジションを目指してほしいと思います。

07

ちゃんと伝わる自己紹介をどう組み立てる

「まずはテンプレートのアレンジから始めよう」

すべてに万能で模範的な自己紹介のパターンはないとお伝えしました。ただ、ある前提において有効なテンプレートは存在します。そこで、僕が試行錯誤しながら開発した**和仁メソッド14「自己紹介テンプレート」**をご紹介したいと思います。

和仁メソッド14「自己紹介テンプレート」

1．メインフレーム

私はⒶとして、

Ⓑだけでなく、
Ⓒしています。

2. 価値の追加

そしてⒹのために、
Ⓔもやっています。

3. 追加の客観評価

Ⓕもやっていますが、クライアントはどちらかと言うと
Ⓖのほうに価値を感じてもらっているみたいです。

この3つに、その場で求められている内容を当てはめていけばいいのです。
たとえば、キャッシュフローコーチとしてコンサルティング業務をアピールしたい税理士が社長の集まりに参加した場合は、こんな感じになります。

\OK/

1、メインフレーム

僕はⒶ（社長のお金の悩みを解決するキャッシュフローコーチ）として、
Ⓑ（税金計算や節税対策）だけでなく、

Ⓒ（社長が数字を使っていかに意思決定するかを手助け）しています。

2．価値の追加

そしてⒹ（社長と社員の立場の違いからくる危機感のズレを縮める）ために、Ⓔ（社員にお金の勉強会）もやっています。

3．追加の客観評価

Ⓕ（税理士でもあるので、節税対策や決算書作成）もやっていますが、クライアントにはどちらかと言うと、Ⓖ（お金の勉強法による社員教育）のほうに価値を感じてもらっているみたいです。

この例題では3つのお困りごとのうち、2つを入れています。

Ⓐに「社長のお金の悩みを解決する」と1つ目のお困りごとを入れ、Ⓓに「社長と社員の立場の違いからくる危機感のズレ」と2つ目のお困りごとも入れています。

お困りごとを1つに絞ってもいいですし、Ⓔに「社長のワクワクするビジョンを見つけるお手伝い」と、3つ目のお困りごとを加えてもいいかもしれません。

この場合も順番が大事なので、税理士であることを伝えるのは最後です。

また、3番目で「こういう実績があります」と自分の評価をアピールするよりも、

「〜みたいです」と、**ほかの人から言われていることを伝える感じにする**と、手前味噌感がなくなります。

これならコンサルタントの価値の比重を大きくしているので、税理士であるという信用や安心感も生かしながら、コンサルタントに印象が残るように伝えられます。

一方で、NGな自己紹介はいきなり税理士業務の説明を始めるケースです。たとえば「税理士として、会社や個人の税金計算や決算書の作成をしています」とアピールしても、社長なら税理士の業務の内容を知っているので、価値は何も伝わりません。

相手に自分の価値が伝わる自己紹介をすることが基本なのです。

以下、自己紹介のアレンジ例を2つ挙げておきましょう。

\OK/

わたしはⒶ（社長と社員の関係を円滑にする）リレーショナル・パートナーとして、Ⓑ（就業規則や労働関連の法律周りのこと）だけでなく、Ⓒ（お互いの情報量の不一致を解消して、同じ価値観とビジョンを共有するサポート）をしています。

そして、Ⓓ（社長との面談はもちろんのこと、社員の言葉にならない不安や思いを表に出して、不満が蓄積して後で問題になることがないよう）、

Ⓔ（社員との個別面談）もやっています。
Ⓕ（社労士でもあるので、就業規則の策定や給与計算）もやっていますが、クライアントにはどちらかと言うと
Ⓖ（社員との個別面談）のほうに価値を感じてもらっているみたいです。

\OK/

わたしはⒶ（売上はもちろんのこと、利益を最大化する）キャッシュフロー・マーケッターとして、
Ⓑ（集客や客単価アップによる売上アップ）だけでなく、
Ⓒ（広告費や人件費などの支出を最適化し、利益を最大化する支援）をしています。
そして、Ⓓ（その対策が忙しい社員の負担になり、会社への不満にならないよう）、
Ⓔ（社員とのミーティングの司会進行）もやっています。
Ⓕ（マーケッターなので、売上アップの事例の豊富さと着眼点にはご好評をいただいており、そのアドバイス）もやっていますが、クライアントにはどちらかと言うと、
Ⓖ（攻めが得意な会社では膨らみがちな支出にも目を配り、コストを最小化して利益にフォーカスしていること）のほうに価値を感じてもらっているみたいです。

08

「紹介のされ方」を他人任せにしない

「自分が思う自分と人が思う自分の距離を埋める」

以前、長年おつきあいしていた経営者の方から、僕を知人に紹介したいと声をかけていただいたことがあります。

喜んでついていったところ、彼は僕をこう紹介してくれたのです。

\NG/

「和仁さんはすごい優秀な方で、経営の数字に強い〝税理士〟さんなんですよ」

それを聞いたとき、思わずコケそうになってしまいました。

長年交流があったのに、まさか税理士と思われていたとは……。

「いつも経営コンサルティングをやらせてもらっています」と慌てて訂正しましたが、人からの紹介では間違って伝えられるものなのだと気づきを得た体験でした。

人に紹介してもらえるということは、それだけ信頼していただいているので、非常にありがたい申し出です。しかし、間違った紹介のされ方をすると、その情報で相手にインプットされてしまうので覆すのが難しくなります。それは、自己紹介で順番が大事だというのと同じです。

だから、**紹介のされ方を紹介者任せにしないこと**。

今度は、いい事例を紹介しましょう。

\OK/

「○○さんは、**『会社のお金の流れが見えずドンブリ経営なのが不安』だと以前言っていましたよね①**。わたしが親しくしている人で、それを解決してくれそうな方がいるんですが、興味ありますか？

（ＹＥＳと言われたら）その人は、和仁達也さんという経営コンサルタントの方なんですが、普通のコンサルタントと違って、**上から目線で教えることが一切なくて、逆にいろいろ質問をしてくれるんです②**。そして、彼に自分のやりたいことをしゃべっていくと、それがどんどんカタチになっていくんですね。なので、わたしは余計な心配から解放されて、経営の本業に集中させてもらっているんです。

コンサル契約をするかどうかは別として③、何が本当の問題かを突き止めて、解決の方向性を見つけるための面談は無料でやってもらえるらしいのですが、一度、会ってみます？」

この事例は、**和仁メソッド15「紹介のされ方テンプレート」**に基づいています。

和仁メソッド15「紹介のされ方テンプレート」

①お困りごとを入れる

人に紹介してもらう場合でも、お困りごとにつながる表現は必ず入れます。

②安心感を出す

コンサルタントと聞いたら、企業の問題を指摘する先生のように思われがちなので、そうではなく、対等のパートナーであるという点を伝えて、安心感を強調します。

③逃げ道をつくる

会ったら契約を結ばなくてはならないと思われたら、「そういうのは結構です」と断られる可能性大です。だから、コンサル契約を結ばなくてもいい、無料で面談していると伝えることで、気軽に相談できるような雰囲気をつくります。加えて、「問題を解決する」と言い切らずに、「問題を突き止めて、解決の方向性を見つける」という表現にすると、過剰な期待も抱かれずに済みます。

このように紹介してもらったら、**紹介される相手には押し付けがましくとらえられない**ので、「ぜひ会ってみたいです」と答えやすいのです。

とはいえ、メールでのやり取りならまだいいのですが、口頭で伝えてもらう場合、いきなりこの全文を暗記してもらうわけにはいきません。

紹介をしてもらう前に、押し付けにならないようにお願いするのも大事なポイントです。そこで、次のような前置きトークをしておくと相手がちゃんと聞く姿勢をつくってくれます。

\OK/

「紹介の機会を設けていただき、ありがとうございます。大変厚かましいお願いなんですが、私は経営コンサルタントとして紹介していただきたいのです。というのは、以前、ある方に税理士って紹介されたことがあるんです。なので、こういう紹介の仕方をしていただけたら、誤解もされず、●●さん（紹介してくれる相手の名前）の期待に応えられると思うんで、それを言ってみてもいいですか」

これなら、「どうぞ、言ってみて」となるでしょう。

紹介してもらうとき、たとえば「お金のブロックパズルというツールを使って経営の問題を解決するんです」と、具体的に自分は何ができるのかを伝えてもらいたくなりますが、そこには落とし穴があります。

それは、自分の想いを相手がわかってくれると思うこと。経営コンサルタントを税理士と間違うぐらいなのですから、業務の詳細を相手が正確に伝えてくれることはありえないと思ったほうがいいでしょう。人の話は10～20％ぐらいしか正確には伝わらないものです。

間違った情報を伝えられると困るので、親切で丁寧だという感じの、抽象的な内容のほうがいいのです。また、「大手企業でもコンサルをしている」「クライアントが30社を超える」といった実績も伝えたくなりますが、それは「自分起点」の発想です。

いついかなるときも、**相手のお困りごとは何かという「相手起点」を忘れない**ようにしましょう。

09

「コンサルタントの活用法」をクライアントに教える

「自分のトリセツをあらかじめ渡そう」

コンサルタントの大きな落とし穴の1つが、受け身で待ちの姿勢になること。たとえば、コンサルタントと名乗れば相手に自分の仕事を理解してもらえるというカン違いもそうです。

実際になってみたらわかりますが、「経営コンサルタントです」と名乗っても、「何をするんですか？」と聞かれることが多々あります。だから、今まで紹介してきたようなプロフィールや自己紹介を用意しておくのが大切なのです。

僕は経営コンサルタントになって1年ほど経ったとき、「和仁達也の活用法」というA4で1枚のシートをつくって、見込客やクライアントに渡したことがあります。

それが、**和仁メソッド16「自分のトリセツ」**です。

和仁メソッド16「自分のトリセツ」

これは、コンサルタントが自分から「僕をこう活用してください」とトリセツをつくって、社員に配ってもらう手法です。たとえば、簡単な自分のプロフィールと活用法を、社長や会社のお困りごとの解決につなげていくと、「なるほど」と思ってもらいやすくなります。


見込客である社長向けにコンサル契約を受注する目的のものを1枚、そして、クライアント先の社長向けに社長だけでなく社員に対してどんな貢献ができるかを伝える目的のものを1枚、の計2種類をつくりました。

ここでは後者の事例を紹介しましょう。

僕がクライアント先にひんぱんに足を運ぶようになってから気づいたのは、「コンサルタントって、何をする人？」と思っている社員が大半だということでした。

毎回、挨拶はするけれども、「また社長に会いに来たんだ。何を話してるんだろう？」

という感じの表情で出迎えられるので、「そうだよな。僕が何をしているのか、わからないよな」と感じました。

たしかに、社長にすれば、僕をどのように社員に紹介するのかも悩むところでしょう。かといって、社員向けの紹介を社長任せにしてはいけません。

そこで、社員が和仁達也をどのように活用できるのかを自ら伝えることにしました。

以下、僕が当時つくった「自分のトリセツ」を再現してみましょう。

\OK/

〈タイトル〉
和仁達也を120％活用して成果を出す方法

〈このシートの目的〉
和仁達也は、**「会社のお金の流れ」と「人と人のコミュニケーション」を円滑化し、御社のビジョン実現をサポートすること**で、会社と社員のみなさんの〝幸せの総和〞を最大化する、社外パートナーです。

私を120％フル活用していただき、御社の成果に貢献することが私の願いです。

そこで、社長だけでなく、社員のみなさんが私を活用する方法を〝トリセツ（取扱説明書）〞にまとめました。

〈よくある悩み〉

1. ミーティングの司会を任されているが、誰も発言せず、盛り上がらない

2. 否定的な発言が多い部下に手を焼いているが、どうしたらいいかわからず、相談相手もいない

3. 新サービスの立ち上げを任されているが、どう組み立てて考えればよいか、わからない

4. 部署内のスタッフ同士の関係が険悪で、トゲトゲしい雰囲気でモチベーションが上がらない

〈和仁の活用シーン〉

私がこれまでに関わってきた会議やミーティングには、次のようなものがあります。

・新人スタッフの育成カリキュラムのつくり方について
・否定的な発言が多くて、場の空気を悪くする社員への対処法について
・苦手な部下との面談のリハーサル
・関係性が悪化した上司と部下の間に入ってレフェリー役を担う、三者面談
・採算意識を身につけるお金のセミナー
ほか……

このような感じで自分ができることを紹介して、「和仁が6時間滞在しているうちの30分を社員さんの面談に充ててもいいし、社員さん全員に向けて1時間のセミナーをしてもいいですよ」と提示したのです。

このトリセツを配ってから1、2か月経ったころから、「こういうミーティングを社員たちにやってもらうことはできますか」と社長からリクエストされたり、面談の時間を取ってほしいという社員の要望が社長を通して来るようになりました。

当時は僕も20代だったので、社長とだけコミュニケーションを取ってその会社の課題を解決に導くのには限界を感じていました。

自分をずっと必要としてもらうためには、より深くその会社に入り込んでいかなくてはならない。そう考えて、現場の社員との接点も増やすことを考えたのです。コンサルタントとして社長だけと接するより社員とも接するほうが、価値が伝わる範囲が広がります。

苦肉の策のトリセツでしたが、結果的にその会社全体とのつながりが強くなり、自分のポジションを確立することができました。

コンサルタントの仕事の範囲は幅広いので、クライアント側からどこまで要求できるのかはなかなかわかりません。そうなると50ぐらいの力しか使ってもらえずに、「コンサルタントを頼む必要がないな」と思われることもあります。

したがって、**どのように自分を活用されるかを相手任せにするのではなく、コンサルタント自身がアピールしていく**必要があるのです。受け身で守りに入っていると、十文字の理論（106ページ参照）の縦軸の存在価値はどんどん下がっていきます。**現状維持は後退しているのと同じ**なのです。

プロフィールや自己紹介もそうですが、つねに自分をどう必要としてもらうのかを考える習慣を身につけると、クライアントと長くおつきあいできるようになります。

なお、この「自分のトリセツ」に興味はあるもののイチからつくるのは大変だな、と思った方に耳寄りな情報があります。希望する方に、「自分のトリセツシート」をプレゼントします。詳しくは、本書の「おわりに」をご参照ください。

第3章

これからの独立系コンサルタントの「あり方」とは

01

なぜ、「あり方」が重要なのか

「ブレない柱があなたを伸ばす」

今から約20年前の１９９０年代後半、僕が独立する少し前のことです。

当時、新進気鋭の独立系コンサルタントが何人かデビューしました。

そのうちの１人が、日本にフォトリーディングやマインドマップを持ちこんだ神田昌典さん。神田さんはダイレクトレスポンスマーケティングという理論をアメリカから持ち込み、カリスマ経営コンサルタントとして爆発的な人気を集めました。

神田さんに触発された人たちがコンサルタントとして次々と独立していったものの、長続きせずに多くの人は業界を去ったようです。また、同じ時期にコーチングがブームとなって、コーチの資格を取って独立した人も大勢いましたが、こちらもみんなが成功したわけではありませんでした。

そこで、**ほぼ同じ時期に独立した僕が、なぜ、まがりなりにも20年間生き残ってこられたのか**を客観的に分析してみました。

まず考えられるのは、**独立する前に、自分の「あり方」を決めて4本の柱を立てたこと。「あり方」とは、「人生やビジネスにおける言動の起点になるスタンス、立ち位置」**のことです。

ビルの建設も、まず杭打ちをして基礎工事をするから何十年経ってもビクともしません。僕はこの4つの柱を地盤にまず打ち込んだから、20年間やってこられたのかもしれない、と思います。

その4つの柱は、「ミッション」「セルフイメージ」「カンパニースピリッツ」「ビジョン」。これが、僕が独立前に確立した和仁メソッド17**「ビジョナリープラン」**です。

和仁メソッド17「ビジョナリープラン」

ミッション：What To Do、つまり使命感を持って何をするかがミッションです。僕のミッションは「自分のビジョンを実現しながら、人のビジョンの実現を応援し、その影響力の範囲を最大化する」ことです。

セルフイメージ：自分を何者だと思っているかを一言で言い表す、自分に対するイメージを肩書にしたものです。僕ならば「ビジョナリーパートナー」となります。

カンパニースピリッツ：How To Do、どのようにやるかを言語化したものです。自分、あるいは自社のスタイルや流儀、仲間を巻き込むこだわりのことです。

僕のカンパニースピリッツは「ワクワク感動できるコンサルティング」です。ガツガツとストイックにコンサルティングをするのではなく、クライアントと一緒にワクワクするのが僕の目指すスタイルなので、そう決めました。

ビジョン：ミッションを実践した結果、どういうところに行くのか、どんな景色が見えるか、がビジョンです。いわば到達地点であり、理想の姿です。「社長と社員が夢や人生観を語り合える世界をつくる」が僕のビジョンです。

このうち、ミッションとビジョンは多くの企業で用いられていますし、セルフイメージは心理学で使われている用語です。カンパニースピリッツは僕が尊敬している東京ディズニーランドの元総合プロデューサー、故堀貞一郎先生に教わった言葉です。

「1つだけで充分では」と感じるかもしれませんが、1本の太い柱を中央にしっかり立てるためには4方向から支えるのが一番頑丈です。だから、**僕は自分の「あり方」をぶれないようにするためにこの4つの柱が必要だ**と思いました。

まだ独立する前、独立しようと決めたものの自分がどのようなコンサルをするのかが見えなくて、「今の会社でもっと経験を積んだほうがいいかも」と弱気になる自分がいました。

僕は会計事務所系コンサルティング会社に勤めていたのですが、5年間在籍していたうち、コンサルティング的な仕事をしていたのは、ほんの1年ぐらいです。

自信も経験も少なく、成功できる保証もない。ぐらつく心と向かい合うために、僕は自分がコンサルタントとして何をしたいのかを書き出していきました。

「社長の夢を応援したい」「社長や社員がワクワクするような環境をつくりたい」……そんな風に言葉にするうちに、自分が何をしたいのかが見えてきて、一歩踏み出す勇気が湧いてきました。

そのときの言葉を4つにまとめたのがビジョナリープランです。

この4つができたとき、僕は「船の錨《いかり》を下ろせた」と感じました。

錨を下ろせたから、何も資格がなくてコンサルタントとしてほぼ未経験でも、月額15万円のコンサル料金で最初から契約を取れたのだと思います。

なかにはビジョンとして、「コンサルになって年収1500万円を稼げるようになりたい」と考えている人もいるでしょう。

ここで落とし穴……と言いたいところですが、僕はそれも全然アリだと思います。

ただ、年収だけのビジョンでは、手段を選ばずに1500万円を稼ぎそうです。柱がないからブレまくりで、クライアントから雑用的な仕事を押しつけられても引き受けるかもしれません。

それだと一時的には成功しても、持続させるのは難しいでしょう。だから「未来の落とし穴」と言えます。

4つの柱を立てて、それをまっとうしながら年収1500万円以上を実現できたら、コンサルタントとして独立した甲斐があるのではないでしょうか。

それに、柱を立てられずに根無し草のようにフワフワしていたら、コンサルタントとして長くやっていけないと思います。クライアントごとに料金が変わり、A社では高度な事業戦略を提案して、B社では雑用的な事務作業代行のような仕事をやって、業務内容もバラバラだと、実績をなかなか積めません。そういうコンサルタントに依頼したいと思う企業はほとんどないでしょう。

それを考えると、最初に自分の「あり方」を決めるのが、結局のところ高収入を得

和仁メソッド17「ビジョナリープラン」

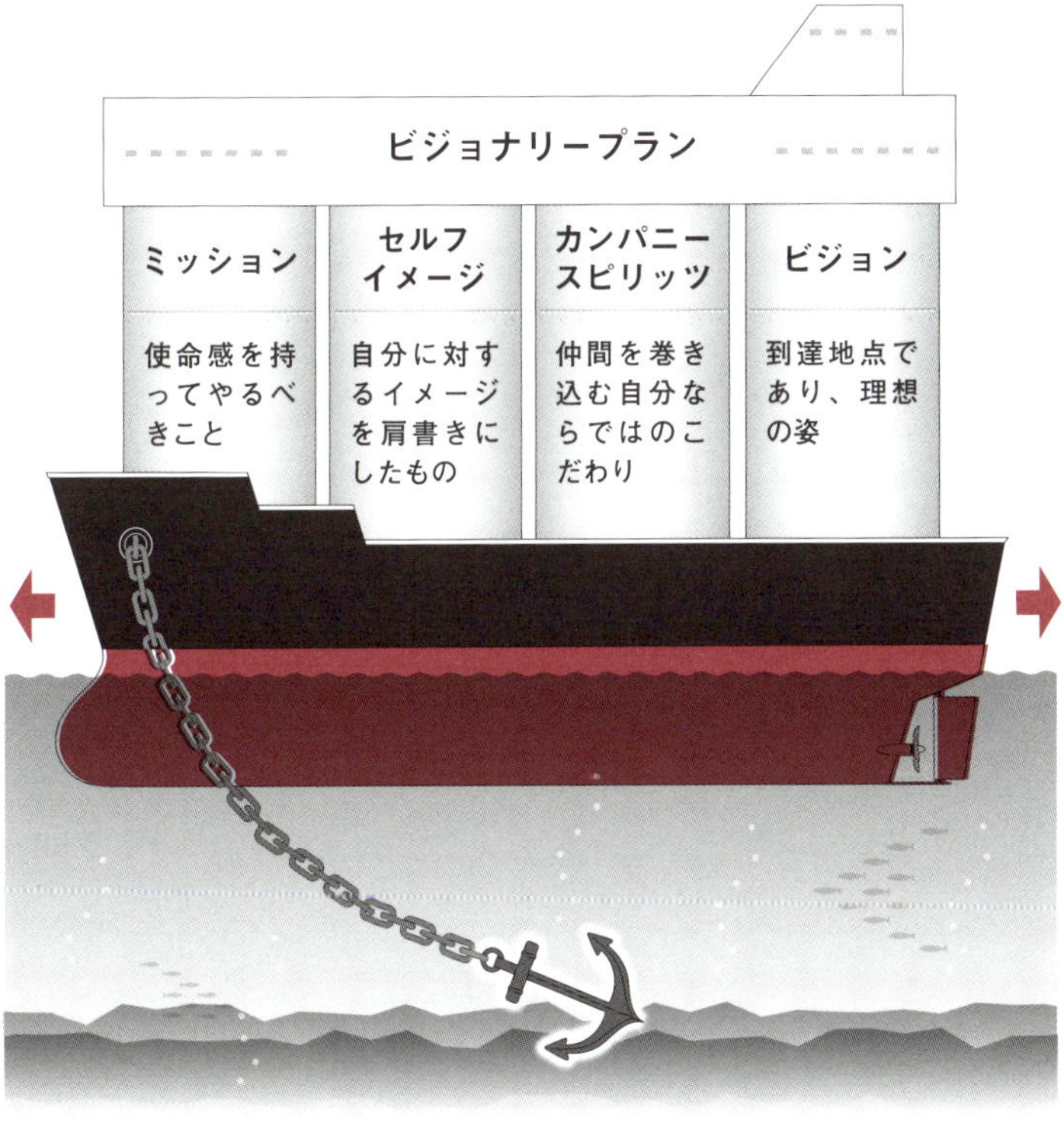

[効果効能]

船が錨を下ろしたように安定してブレ幅が小さくなった。ビルが杭打ちして基礎工事をするのにも似ている

るための近道にもなるのだと言えます。

そうはいっても、世の中には甘い罠がたくさん待ち構えています。

僕もビックリするぐらいの高条件な仕事を提示された経験があります。ただ、**先方が求めてきたのは4つの柱からかけ離れた内容だったので、キッパリと断りました。**

こう書くとカッコよく感じるかもしれませんが、迷って迷って、歯を食いしばって断るときもあります。オファーを受けている真っ最中はいいことばかり聞かされるので、それはもう心がぐらつきます。

それでも踏みとどまれるのは、4つの柱がよりどころになっているからです。多少はブレても柱がしっかりしていれば、元の自分に戻って来られます。

なかには、仕事がうまくいきだすと天狗になる人もいます。最初はクライアントに対して丁寧に接していても、多忙になると「そんなに多くの要求には応じられない」と仕事が雑になる人も少なくありません。

僕はそういうコンサルタントにはなりたくないと思います。なぜなら、カッコ悪いから。

僕の価値基準は、カッコいいかどうかです。そのカッコよさとは、他人の目から見たカッコよさではなく、自分の中での美意識です。コンサルタントとして独立したのも、「コンサルタントってカッコいい」という動機からでした。

だから、何かを判断するときに「それはカッコいいかどうか」と真剣に考えます。

目先の損得にばかり左右されて、人を裏切ってでも自分さえよければいい的な考えは、僕にとっては卑怯で最高にカッコ悪い。何があってもそんな自分にはなりたくないから、必死に踏みとどまれるのです。

美意識や正義の基準は人それぞれですが、ブレない基準は必要です。

これからコンサルタントを目指す人は、まず4つの柱や自分の価値基準を明確にすることをおススメします。すでにコンサルタントになっていても思うように仕事が発展していない人は、一度立ち止まって柱を立てなおしてみてはいかがでしょうか。

02

セルフイメージで「輪郭」をつくる

「『自分は何者か』は自分で決める」

前項の4つの柱のうち、もっとも肝になるのはセルフイメージです。

セルフイメージは一言で言うと「自分は何者か」を表わす肩書きですが、それを起点に行動するうちに、自分が何者かが自ずと定まっていきます。

たとえば、学校の先生は先生らしく生徒と接しますし、政治家は政治家らしい行動をとります。昔、中国の高名な医師が弟子に「先生はなぜ寝食を忘れてまで患者の治療をするのですか」と聞かれたとき、その医師は一言、「私は医者だから」と答えたそうです。つまり、**肩書を何にするかで、自分の「あり方」がつくられていく**のです。

僕はセルフイメージをつくるのに1年半かかりました。

ほかの3つは1か月ほどで考えて、独立してからは見込み客に営業するときにビジョナリープランを見せていましたが、セルフイメージだけは1年半経ってからそこに加えました。ですので、独立したばかりのころは、「ビジョナリーパートナー」という肩書はついていなかったのです。

たった一言の肩書があるのとないのとで、そんなに大きな違いがあるのかと思うかもしれません。

僕のコンサルタント向けの養成塾でセルフイメージをつくった人たちは、「自分がやりたいことの輪郭が見えた」という感想を述べています。そして、塾生の多くが「このセルフイメージの再構築に最も価値を感じた」と言います。

もともと、経営コンサルタントであれ、ITコンサルタントであれ、なったときにぼんやりした輪郭はあります。しかし、ほかの同業者と何が違うのかと問われたら、ほとんどの人がハッキリとは答えられない。それが、具体的なセルフイメージができると、唯一無二の自分がくっきりと浮かび上がってくるのです。

そこで、第2章でも紹介した和仁メソッド10「あるべきセルフイメージの再構築」

（96ページ参照）について、改めて詳しくご紹介します。

和仁メソッド10「あるべきセルフイメージの再構築」（詳細版）

次の5つの質問に答えてみてください。

1、あなたはどの土俵で勝負するのか

パートナー型、先生型、御用聞き型、専門型、お困りごと解決型など、どのタイプのコンサルタントを目指すのか。そして、誰を顧客対象として、どんなお困りごとを解決していくのかにより、あなたの土俵が決まっていきます。

2、顧客はあなたの同業者に対してどんな違和感があるか

税理士や社労士、経営コンサルタントなど、自分の職業には既に同業者がいるでしょう。あなたの顧客がその同業者のサービスを利用したことがあるなら、どのような違和感やストレスを感じた、と話していましたか。利用したことがないなら、どのようなネガティブな印象を持っているでしょうか。

たとえば、「適切なアドバイスを全然くれない」とか、「連絡しても返事がなかなか来ない」「専門用語が多くて話が難しすぎる」など。

この質問からわかるのは、「その逆をやればクライアントに喜ばれる」ということです。

3、あなたのコンサルティングのどこがユニークなのか

これはどこに着眼点を持つのかを考える問いです。

例を挙げると、「経営戦略を策定する経営コンサルタント」ではありきたりです。

それだと、社長は「この人にお願いしよう」とは思いません。

自分なりのユニークなポイントを見つけると、「おっ、この人は何かが違う」と人の興味を引くことができます。

僕の場合は、

・クライアントのお困りごとトップ3を解決すること
・上から教える〝先生型〟ではなく、〝パートナー型〟であること
・社長が本業に専念し、ビジョンを実現するようにお金がまわり続ける仕組みをつくること

がユニークなポイントになります。

4、その報酬額を支払ってクライアントが得られるリターンは何か？

これは、あなたがクライアントに対して投資効果を明確にしているか、という質問です。

月額の報酬額が15万円なら、それに見合ったどんなサービスを提供していますか。売上が増える、社員の定着率がよくなる、コストダウンできるなど、何らかの理由があるはずです。そして、それにはちゃんと経済効果が伴うはず。

この問いは、コンサルタントになってからも考えたことのない人は大勢います。「15万円いただけたら、精一杯がんばります！」と宣言するだけでは、クライアントは「この人、本当に大丈夫かな」と思いますよね。

だから、「自分はこんな貢献をして御社に支払っていただくフィー以上の価値貢献をします」と言い切れるようでないと説得力がないのです。

5、「誰に」「何を」「どのように」サービス提供するのか

これはコンセプトにあたりますが、僕の場合は「成長意欲の高い社長にビジョンの実現ができる仕組みづくりを社外幹部として提供する」になります。

これらを言語化するうちに、自分のセルフイメージが固まって来るのです。

僕の場合は「社長のお困りごとを解決してビジョンを実現する」が核になるので、それを一言で言い表せる言葉を探したときに「ビジョナリー」を思いつきました。

ビジョナリーとは辞書によると、「先見の明のある人。とくに、事業の将来を見通した展望を持っている人」という意味です。自分の目指すコンサルタント像にピッタリだと思い、これに上下関係ではなく横に並ぶ存在としてパートナーをつけました。

さらに、4つの柱をまとめて「ビジョナリープラン」と名付けたのです。

ビジョナリープランの4つの柱は、独立する前、あるいは独立してすぐにつくるのが理想的です。そして、自分だけではなく、クライアントにもつくってもらうと、クライアントのどのようなビジョンを実現するために何をしていくのかが見えてきます。

参考までに、クライアントの企業にビジョナリープランをつくってもらうと、次のような感じになります。

\OK/

〈ビジョナリー歯科（仮）〉

●ミッション

・生活の質の向上を求める人に、お口から全身の健康を促し、幸せなクオリティ・オブ・ライフに貢献する

●セルフイメージ

・家族紹介率100％のデンタル・エデュケーション・クリニック

●カンパニースピリッツ

・本来の自分の素晴らしさを見つけるクリニック

●ビジョン

・患者が一生自分の歯で食事がとれて、健康な生活を維持して、イキイキとやりたいことができている世界

これは架空の例ですが、どのような歯科医院を目指そうとしているのか、これだけでわかるのではないでしょうか。「家族紹介率100％を実現するにはどうするか？」などと、具体的な対策も考えられます。

つまり、ビジョナリープランがないと、お困りごとをどう解決していくのかがわからないのです。さらに、**ビジョナリープランがないと、「とにかく患者を詰め込めるだけ詰め込んで治療しよう」と目先の利益に走るかもしれません。**その結果、治療のクオリティが下がったり、長時間待たされた患者がしびれを切らし、ほかの医院に行ってしまったりする可能性もあるでしょう。

そう考えると、まずビジョナリープランで「あり方」を定めるのが、いかに大事なのかがわかるのではないでしょうか。

なお、ミッションとカンパニースピリッツは考えているうちに1つに集約されるこ

こともあります。そこはこだわらずに、考えられる範囲内でつくればいいと思います。

ビジョナリープランは、あらゆる業種でつくることができます。

僕のクライアントが作成したプランを参考に、皆さんも考えてみてください。また、ビジョンは抽象度を高めに1文で表現する場合もあれば、1年後、3年後、10年後の理想の姿を「業績」「サービス内容」「活動エリア」「スタッフや仲間」「営業方法」などの視点で、具体的に書き出す場合もあります。僕も、独立当初は後者のやり方でした。

\OK/

〈A社（在宅&訪問介護事業）〉

●ミッション

・心身の安心の提供　～先が見えて目標がある状態～

●セルフイメージ

・ライフ・プロデュース・カンパニー

●カンパニースピリッツ

・◯◯グループ・クオリティ　～最高のパフォーマンスを発揮する仕組みづくりと、どこでも通用する人材づくり～

\OK/

●ビジョン

・健康寿命の最長化と自立できる生き方の実現

〈B社（海外留学生向け日本語学校）〉

●ミッション

・学生の価値と可能性の最大化

●セルフイメージ

・国際間の文化交流促進カンパニー

●カンパニースピリッツ

・学生の自立的成長を後押しして、今より良い未来をつくる学校

●ビジョン

・多様性がもたらす価値観で新たな未来を創造する

03

お困りごとトップ3にアプローチするという発想

「時代は変わっても社長の本質的なお困りごとは不変」

これから書くのは、本書の中でもトップクラスに重要なことなのですが、文字で伝えると、サラッと読み流されてしまうのを危惧しています。なので、あとでもう一度、読み返すことをおススメします。

誰もがコンサルタントとして独立するとき、「専門は何にしよう」と考えます。

ここでいきなり落とし穴があります。それは、「自分の得意分野を専門にしてコンサルタントになろうとすること」。

普通は、財務が得意なら財務関係のコンサルタントに、マーケティングが得意ならその分野のコンサルタントになろうと考えます。

なかにはマーケティング用語で有名なＳＷＯＴ分析を使って、自分の強みと弱みを洗い出して、競合と脅威を分析したうえで、「自分は人事コンサルタントになろう」と決める方もいるかもしれません。

しかし、これは「自分から目線」の考え方です。

「自分のクライアントになる人は何を求めているのか」という視点で考えていないので、**クライアントのお困りごとが含まれていない**のです。

どんなに財務の専門知識を持っていても、すぐれたマーケティングができても、見込み客がそれを求めていないのなら、契約を結ぶところまでには至りません。

コンサルタントに求められているのはクライアントが問題を解決できるようサポートする能力であり、専門知識ではないという点を忘れないように。これは恋愛に似ています。自分の意見を一方的に押しつけても異性は振り向いてくれませんね。相手を喜ばせるには相手の目線で考えなくてはならないのです。

財務で悩んでいる中小企業を探して、売り込むのも1つの手ではあります。しかし、自分のスキルを求めているクライアントと出会えるまで、ずっと営業して回るのはあまりにも非効率です。それよりも相手のお困りごと起点にすれば、どんな規模でもどんな業種の会社でもクライアントになる可能性があります。

ですので、自分の専門分野はいったん横に置いておいて、これからご縁がある人たちのお困りごとを能動的に聞きに行かないと、実は何も始まらないのです。

第2章で紹介した**和仁メソッド9「社長のお困りごとトップ3」**（85ページ参照）は、前述したように次の3点になります。


和仁メソッド9「社長のお困りごとトップ3」（再掲）

①会社のお金の流れが漠然としていて、先の見通しが立たない
②社長と社員の立場の違いが生む危機感のズレ
③次のビジョンが見えない

それぞれについて、丁寧に説明していきましょう。

①会社のお金の流れが漠然としていて、先の見通しが立たない

ほとんどの中小企業に経理担当はいますし、税理士なども雇ってお金の管理はしています。しかし、実際には、お金の流れを把握していない社長がほとんどです。

黒字経営の企業であっても、今どれだけのお金が出入りしていて、将来どうなる見込みなのかわからずに、漠然とした不安を抱いているものなのです。

それを解消するために、僕は前作『年間報酬３０００万円超えが10年続くコンサルタントの経営数字の教科書』（かんき出版）で紹介した**「お金のブロックパズル」という図を使って、お金の流れを見える化しています。**これを使えば数学が苦手な人でも簡単に経営に関する数字を理解できるようになるので、たとえ皆さんが理系ではなくても、自信を持ってクライアントに提案できるようになると思います。

②社長と社員の立場の違いが生む危機感のズレ

たいていの会社では、**社長は「うちの社員は意識が低い」と嘆き、社員は「上の人は自分たちのことをわかってくれない」と不満を持っている**ものです。

これはコミュニケーションの取り方にも問題はありますが、社長と社員では立場が違うので、情報量にズレが出るため溝が生まれてしまうのが原因です。

その溝を埋める役割となるのがコンサルタントです。社長が言うとどうしても自慢やきれいごとにしか聞こえないことも、第三者のコンサルタントが伝えると、「そうなのか」と割とすんなりと受け止められたりします。

和仁メソッド9「社長のお困りごとトップ3」

①会社のお金の流れが漠然としていて、先の見通しが立たない
〈「お金のブロックパズル」で解決！〉

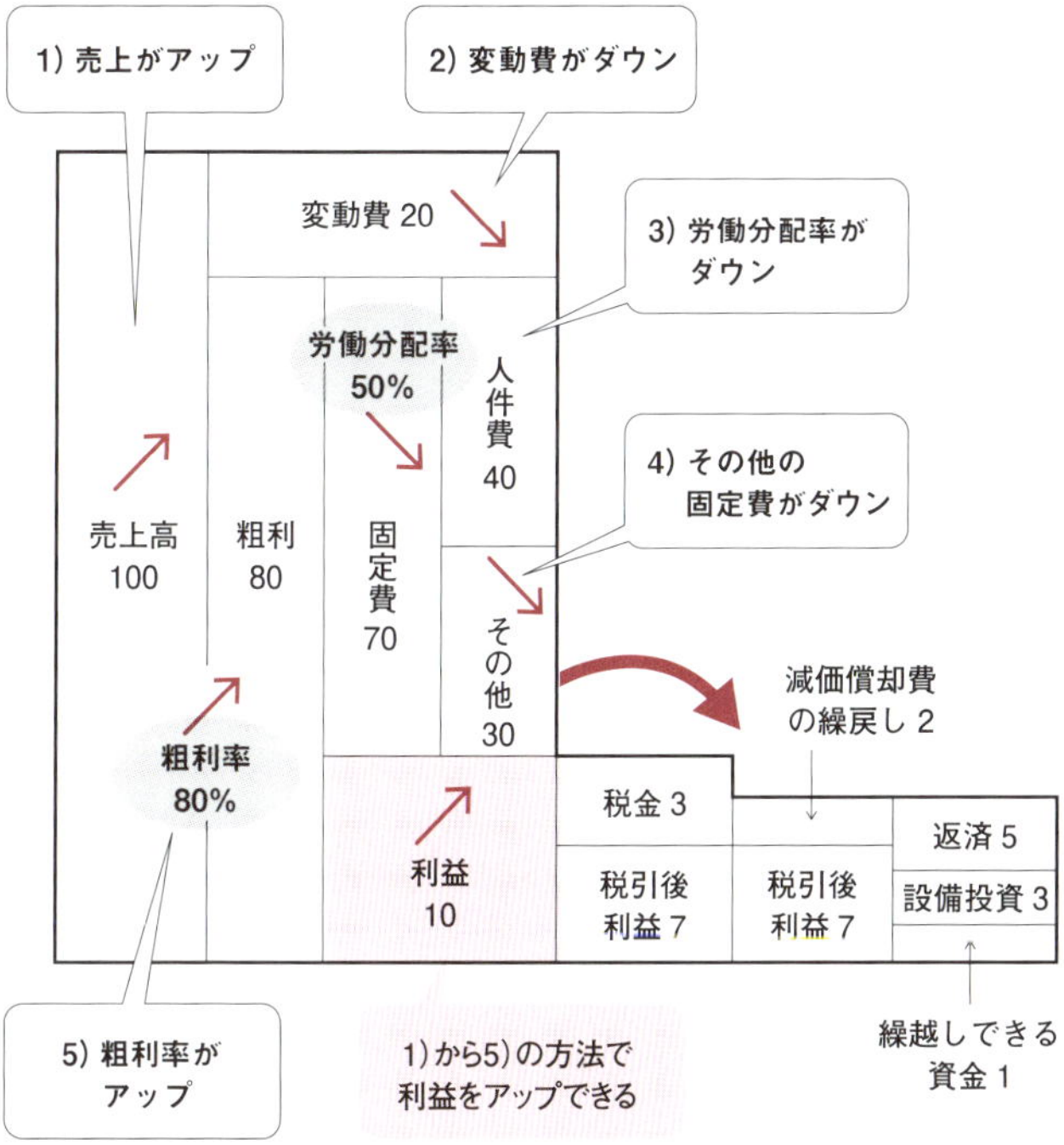

［効果効能］

お金のブロックパズル（上図参照）をつくってお金の流れを見える化し、利益アップの具体的な方法まで提案できる

※「お金のブロックパズル」は、西順一郎氏が開発したSTRAC表をベースに、そこに利益から先の支出までを加えたものです。

一方で、社員が社長に物申すのは気が引けるので、それもコンサルタントが間に入ってうまく伝えると、社長と社員の距離が縮まります。

③次のビジョンが見えない

それなりに事業が軌道に乗っている社長は、現状に満足せず、何か新しいことにチャレンジしたくても、何をすればいいのかわからなくて悩んでいたりします。社員にも相談できず、どう解決すればいいのか見えずに、悶々と悩んでいる社長は割と大勢います。

そこで、**社長本人が気づいていない欲求やアイデアを引きだして、次のビジョンに導くコンサルティングができると最高です。**

ここでまた大きな落とし穴があります。

それは、これらのお困りごとを、「この3つのお困りごとを僕なら解決できます」といきなり相手に提案してしまうことです。ストレートに売り込んでも相手にはおそらく響きません。なぜなら、これらのお困りごとを社長自身は自覚していないことが多いので、「自分ごと」としてとらえていないからです。

和仁メソッド9「社長のお困りごとトップ3」

②社長と社員の立場の違いが生む危機感のズレ

[効果効能]

間をとりもてば、社長と社員の距離感が縮まる

③次のビジョンが見えない

[効果効能]

社長の潜在的な欲求を引き出して次のビジョンに導く

この落とし穴を避ける方法が、**和仁メソッド18「お困りごと類推法」**です。

和仁メソッド18「お困りごと類推法」

まず相手に「〇〇のことで悩んでいる社長が僕のまわりでは多いんですが、社長はそんなことはないですか？」と具体的な課題にまで落とし込んで尋ねます。すると、「いや、まさにそれで悩んでいるんだよ」と関心を示すでしょう。誘い水となる事例を挙げると共感しやすくなり、自分ごととしてとらえられるのです。

次に、ほかの会社ではそのお困りごとをどう解決したのかという「事例ストーリー」を語ります。この順番で伝えると「うちでもぜひやってほしい！」となります。

ちなみに、**これら3つのお困りごとは普遍的であり不変です**。僕の20年以上のコンサルタントの経験からは、詳細の部分は変化しても大枠は変わらないという印象です。**社長の3つのお困りごとを把握して、言語化して事例ストーリーで提案する**。これができるようになると、どんな時代でもコンサルタントを続けていけるでしょう。

専門的な知識やスキルの量ではなく、お困りごとを言語化して解決できる能力こそが、一生食べていける武器になるのです。

04

クライアントの本音を考えた言動をする

「社長には指図しないで伴走しよう」

「そろそろ新しいことにチャレンジしたいから、新規事業を立ち上げたいんだ」

こういう相談は、コンサルタントを続けているとよく受けるようになります。

そんなとき、皆さんはどうしますか？

ここで、多くの方は新規事業のアイデアを提案したくなるでしょう。コンサルタントとして腕の見せどころだと、張り切ってパワーポイントで資料をつくりそうです。

これは、実際に僕自身もハマったことのある落とし穴です。

僕は駆け出しのころに、信頼関係を築けた社長に「こんな販促をしたらもっと売上が上がると思いますよ」と提案したことがあります。てっきり喜んでもらえるのかと思いきや、「和仁さんにお願いしたいのはそういうことじゃないんだ」と渋い顔をされました。

そのとき、社長は自分が苦手な分野をサポートすることを僕に求めているのであり、得意な分野にまで踏み込んでもらいたくないのだと気づきました。

そんな苦い経験から、僕は冒頭のような相談をされたとしても、決して自分ではアイデアを言わないようにしています。

社長は、自分の会社のことは自分でビジネスのアイデアを考え出したいのです。

ですので、社長自身が気づいていないアイデアを見つけられるように、質問や誘い水となる事例を投げかけて、コミュニケーションを取りながら引き出していくのがコンサルタントとして求められている立ち位置です。

僕なら、まず新規事業を立ち上げたい理由を聞きます。

すると、実は不安な気持ちから新規事業を考えている場合もあります。

既存のビジネスがずっと好調だったけれども、最近売上が落ちはじめた。

近くにライバル店が出店した。

そのような不安感から新規事業に解決策を見出そうとしているのです。

しかし、不安が原動力なのも悪くはないけれども、不安だけを原動力にするのは、「〜になりたくない」というマイナスな感情が根っこにあります。

「〜になりたい」というポジティブな発想ならいいのですが、「〜になりたくない」「〜したくない」というネガティブな発想をしているときに、いいアイデアを思いつくのは至難の業です。

たとえば、飲食店を経営していて、「もっと大勢のお客様に、うちの料理を食べてもらいたい」という発想で店舗を増やすのなら可能性はあります。

しかし、「今のお店の売上が落ちてきたけど、閉店したくない。新しい業態のお店をつくろう」という発想だと、お客様が喜ぶような新店舗をつくれるとは思えないのです。

もし、激安のお店をつくって、とことん材料の質を落として、立ち飲みにして客の回転数を上げるのなら、完全にお店側の都合しか考えていませんよね。結局、新店舗も流行らなかったら、その分負債を背負うことになります。

そういうリスクがあるので、クライアントから新しいことを始めたいと言われたら、まずは理由を聞いて、ホンネの部分には何があるのかを突き止めます。新商品をつくりたい、海外に進出したいといった相談も同じです。

話を聞いてみると、一時的に売上が落ち込んでいるだけで、持ち直せれば既存の事業だけでまったく問題ないというケースもあります。**むやみに突っ走ろうとしている社長にブレーキをかけて、現実に引き戻すのもコンサルタントの務めです。**

そもそも、「絶対成功するような新規事業の立ち上げ方」など存在しません。

そういう提案をするコンサルタントもいますが、自分で事業を立ち上げた経験のない人が提案しても、リスクにしかならないと思います。

クライアントによってそれぞれどのステージから考えているのかは違います。

ちょっとした思いつき程度で言っている場合もありますし、5年後10年後を見据えて本気で事業拡大を考えている場合もあります。

どのステージなのかを見極めてからアドバイスしないと、取り返しのつかない事態になるかもしれないので、要注意なのです。

クライアントの依頼にストレートに応えることだけが、コンサルタントに求められている役割ではないのだと覚えておきましょう。

05

スキルや知識のあるコンサルタントが、行き詰る理由

「専門医ではなく、ホームドクターを目指す」

この本を読んでいる読者の方の多くは、今まで培ってきたスキルで独立を果たしていると思います。あるいは、これから独立をしようと考えているのでしょう。

ＩＴスキルやマーケティング、会計・財務、商品開発など、専門分野に詳しければ武器になると普通は思います。

そのスキルや知識の賞味期限はどれぐらいだと思いますか？

5年？　10年？

いいえ、1年です。**1年経ったら陳腐化が始まり、アップデートしない限り、あっ**

という間にそのスキルや知識は古くなってしまいます。たとえ長く持っても3年が限界でしょう。

たとえば税制は毎年改正されているので、財務や会計関係の知識は、その都度更新していかなくてはなりません。商品開発もヒットする商品は毎年変わるので、トレンドを常に仕入れていないと適切なコンサルティングができないでしょう。

お困りごとトップ3にしても、時代と共に変わってきている部分があります。2つ目の「社長と社員の立場の違いが生む危機感のズレ」は、今も昔も変わらずにありますが、その内容は変化しています。

最近よく耳にするのは20代の若手社員が頑張って働いているのはわかるのだけれども、自分の意見を言わない人が増えているという話です。社員同士でもぼそぼそと話す感じで、自分の意見を明確に伝えない。仕事に満足しているのか、やる気がないのか、見ているだけではさっぱりわからないと社長が困っているのです。

そういう状況で、ムリに僕が若手社員の本音を探ったりしたら、さらに警戒されるだけでしょう。やはり今の若者に合わせた対応をしなければなりません。

もし、コンサルタント側が10年前の知識しか持っていなかったら、「会社を辞めたい？ 最低でも3年は続けないと、どこの企業に行っても通用しなくなるよ」などと見当はずれのアドバイスをしそうです。

それなら、どうすれば陳腐化を予防できるのか。

ここで陥りやすい落とし穴は、「新しい情報の仕入れにばかり注力すること」です。

僕自身、常に最新情報を仕入れておこうと、セミナーに通ったり、専門誌を取り寄せて読んでいた時期もあります。しかし、それには限界がある。せっかく仕入れた情報もすぐに使えなくなるので、そこに時間をかける意味はあまりないな、と悟りました。

陳腐化しないために僕がしているのは、「常にクライアントから多面的に相談される状況を保つ」こと。それだけです。

クライアントが今はお困りごとトップ3のどれについて悩んでいるのか、常にコミュニケーションを取りながら把握しておくと、クライアントから相談される状況をずっと保つことができます。

つまり、**医療で言うならホームドクター（家庭医）を目指すということ**です。

医療の世界も日進月歩で次々に最新の研究が生まれるので、どんなに勉強しても追いつかないと言われているそうです。専門医を目指したら常に最新の情報を仕入れないといけないので、狭い範囲の深い知識が必要になります。

一方、ホームドクターに求められているのは、健康のお困りごとを解決してくれる役割です。家庭医は広い基礎知識があり、何より普段の状態や今までの病歴を把握し、個人や家庭の状態を知ることが必要です。

ホームドクターなら何でも気軽に相談できます。コンサルタントもそういう存在を目指せばクライアントと深い信頼関係ができ、長くおつきあいできるでしょう。

また、クライアントが成長し続けていれば相談される状況を保ちやすくなります。

要は、成長が止まってしまった企業では新しいお困りごとは発生しないということです。もちろん、成長したくても新規ビジネスがうまくいかないなどの理由で、後退せざるを得ない場合もあります。そういう場合はお困りごとも深刻なので、僕も一緒になってどうすれば現状を打破できるのかを考えます。

成長できないのは、社長が成功に満足している場合や、現状維持でいいと考えているような場合です。そういうケースではお困りごとが生まれないので、コンサルタントは必要なくなるかもしれません。

したがって、**理想的なのは、クライアントと共にアップデートしていくこと**。

僕は独立して1か月目から今まで、20年以上おつきあいしている医療系のシステム開発会社があります。

その企業は最初は社員10名以下の小さな規模でした。

あるとき、歯科医院向けのコミュニケーションシステムを開発し、それが好評で、今では全国に9か所も販売拠点をつくって、全国の歯科医院の約8％をクライアントにする大きな企業に成長しました。それ以外にも、歯科医院向けの経営サポートや食育支援システムを開発するなど、新規事業を着々と展開しています。

企業が新たなことにチャレンジするたびに新たなお困りごとが発生し、僕はそれをサポートしてきました。そうするとさらにその企業は進化するので、それがうれしくて、また懸命にサポートするという繰り返しで20年間続いてきたのです。

クライアントと共に自分もアップデートしていくのが、双方にとって成長につながるのだと実感しています。そうすれば陳腐化は永遠にすることはないでしょう。

大事なのは、今までの経験則だけで対応しようとしないこと。過去の自分を絶対視していると、いずれ成長は止まります。成功体験を上書きしていく覚悟がないと、コンサルタントの旬はあっという間に終わってしまいます。

自分を陳腐化させないためには、外部の刺激を取り入れるのも必要です。

たとえば、自分主催の飲み会を数か月に1回でも開いて、いろいろな人と交流を持っておくと、新しいトレンドに触れられます。

新しいトレンドを取り入れようとすると力が入ってしまうので、新しい刺激に触れる程度でも十分です。たとえば、「今の若い世代の社長はこんな悩みを持っているんだな」と感じるだけでも、充分な収穫が得られます。

06

コンサルタントに向く人、向かない人がいる

「他人ごとを自分ごととして考えよう」

そもそもの話ですが、皆さんはどういう人がコンサルタントに向いていると思いますか？

「論理的思考ができる人」

「何かの専門的な知識を持っている人」

「時代を読む力がある人」

たいていはこういう意見が出て、これらのスキルを身につけるためにセミナーに通ったり、本を読んだりするでしょう。

これが落とし穴です。「〇〇思考」があるとか、「〇〇力」があるというのは、一般的なビジネスパーソンの素養として求められるものです。ただ、コンサルタントの向き不向きにはまったく関係ないと思います。なぜなら、それらは後天的に鍛えられるからです。

僕が考えるコンサルタントに向いている人は、何と言っても**「相手のビジョンの実現に興味がある人」です。加えて、「自らも成長を続けたいという意欲がある人」**。この2つがある人なら、論理的思考ができず、時代を読む力がなくても、さらには専門的な知識がなくても、あとから本気で身につける努力をすればコンサルタントとしてやっていけます。

僕の考えるコンサルタントとは、**「言葉を使って影響力を発揮し、クライアントの成果を引き出し、報酬を得る」**存在です。

言葉を使って影響力を発揮すると言ったら、「これからの時代はこれが流行るんだから、こうすべし」と、クライアントに自信満々で説くようなイメージがあるかもしれません。でもそうではなく、「クライアントがビジョンを実現できるように、コーチングをしながら相手が気づきを得られるきっかけをつくっていく」、そして「それをやることの真の意味を言語化して内発的動機を高めていく」という意味です。

あくまでも主体はクライアント。クライアントが何を目指しているのかを把握して、それを形にしていくのをお手伝いするのが、僕が考える良いコンサルタントです。

そのときに、「自分もビジョンを実現させようとしているので、一緒に走って行きましょう」と提案できると、伴走者としてクライアントに認めてもらえます。だから、僕は自分がどのような4つの柱（ビジョナリープラン）を考えているのかを、クライアントにも積極的に伝えています。

対して、**人をコントロールしたいタイプの人は、コンサルタントには向きません。**

正確に言うと、事業再生や人事評価制度をつくるような、短期間で成果を出すプロジェクト型のコンサルタントには向いています。プロジェクト型はクライアントも問題を解決するための専門的な知識を求めているので、「こうしなさい、ああしなさい」と言ってもらうほうが安心するでしょう。

ただ、プロジェクト型のコンサルタントは、その案件が終わったら契約終了となり、それ以降のつきあいは一切なくなる場合が大半です。だから、ずっと新規契約できるクライアントを探さなければならなくなります。

それでも、なかには短期間のつきあいのほうが気が楽だと思う人もいるかもしれません。そういう方は、プロジェクト型タイプのコンサルタントを目指したほうがいい

あり方

と思います。

また、**自分のやって来たことを誰かに語りたい、自分の実績を知ってもらいたいと思う人は、コンサルタントよりも講師業のほうが向いています。**

「オレの話を黙って聞け！」的な人は、クライアントのビジョンも何も関係なく、企業に出向いても持論を述べるだけなので、実際にクライアントの問題を解決できるとは限らないのです。そういうタイプは人を集めて講演するほうが向いているでしょう。

さらに、**安定志向が強い人も向かない**と感じます。

士業の中には、安定的にルーティン作業をするのが好きだという方は結構います。

僕自身も安定をまったく求めていないわけではないですし、妻子を路頭に迷わせたくはありません。仕事や生活を維持するためにも、ある程度の安定は必要です。

しかし、安定にフォーカスしすぎると変化を嫌い、新しいことにチャレンジしなくなります。そうなると、今までの項目で述べてきたようにコンサルタントとして陳腐化してしまうのです。

やはり自分をどんどん更新していきたい、成長していきたいという気持ちが強い人のほうが向いています。

僕自身は、起業したくてコンサルタントになったというより、人の相談に乗るのが大好きだからコンサルタントになりました。これも実は、コンサルタントとして重要な特性かもしれません。

人の喜びを自分の喜びのようにとらえられるなら、コンサルタントを生涯の仕事にできるのではないでしょうか。

07

クライアントが離れていくのを恐れるな

「お客様は神様ではありません」

この仕事をしていると、報酬の条件はいいのだけれども、どうしても考え方や仕事の方向性に共感できない社長にも出会います。

おそらく、多くの人はこのような相手でも、「仕事だから」と割り切って取引するほうを選ぶのではないでしょうか。それもアリだと思います。

しかし、尊敬し、応援したいという思いを抱けないクライアントとそれほど長くおつきあいできるとは思えません。結局、目先の利益だけになりがちです。もし相手の考え方や仕事の方向性に共感できれば、その相手の「あり方」は自分と似ているということです。そういうクライアントなら、お互いに成長していけます。

ただし、ここでの落とし穴は報酬のディスカウントです。相手に共感すると採算度外視で仕事を引き受けたくなります。相手が素晴らしい人物だと、つい報酬は安くてもいいから応援しようと思いがちですが、これはあくまでもビジネス。それを忘れないようにしましょう。

たとえば、他のクライアントは30万円で契約しているのに、そのクライアントだけ10万円で契約したら、他のクライアントは「ウチは10万円の仕事に30万円も支払っているのか？」と不信感を抱きます。

他のクライアントに知られなければいいと考えるかもしれませんが、そういう不誠実な姿勢でいると、いつか必ず知るところとなるもの。そうなったときの損害を考えると、**クライアントによって報酬の条件を変えるのはかなりリスクが高い行為です。**

僕なら、相手が10万円しか支払えないのであれば、その金額に合わせてできる面談の時間や回数に調節します。

コンサルタントはクライアントに選ばれる立場ですが、**自分がクライアントを選ぶ立場でもあるのだと自覚しないと、御用聞き型コンサルタントになってしまいます。**

クライアントを大切にして、お困りごとの解決にベストを尽くすのは言うまでもありません。しかし、クライアントは神様という考え方だと落とし穴にハマります。

なぜなら、クライアントの言うことをすべて聞いていたら自分の軸がブレるからです。軸がブレたら信頼は得られません。

僕はコンサルティングの依頼を受けて見込み客と面談するときに、自分がどのようなコンサルティングをし、報酬はいくらなのかをハッキリと伝えます。その時点で、相手が「自分が求めているコンサルとは違うな」と感じたら辞退されるので、自分のあり方と合致した見込み客だけがクライアントになっているのです。

僕は独立したときから、このスタンスを守ってきました。

独立したばかりの仕事があまりない状況で、「あり方」を守りきるのは簡単ではありません。相手に適当に話を合わせて契約を結んだほうが、経験を積むチャンスになるという考え方もあるでしょう。

ただ、僕は**「あり方」を守っているほうが、自分の「あり方」にふさわしいクライアントが自然と集まってくる**のだと信じています。逆に、自分の「あり方」とは合わないクライアントは離れていきます。それを恐れずにあり方を貫き通せば、「あり方」に共感してもらえるクライアントと出会えます。

「あり方」は言葉で「自分はこうありたい」とまわりに言って回らなくても、普段の言動から自然とまわりに伝わっていきます。自分の「あり方」が整っていると、時にはクライアントである社長も「あり方」が変わり、社長の「あり方」が変わると社員の「あり方」も変わる。そのような連鎖反応が起きることもあるので、「あり方」を整えるのは大事なのです。

また、クライアントと数年おつきあいしていると、さまざまな場面に直面します。

僕はビジョナリープランを一緒に考えて、その実現に向けて一緒に走っていくのを目標としていますが、なかにはそのスピードが失速していくクライアントもいます。

次の面談までに宿題を決めておいても、会ったときに「すみません、忙しくて、なかなか手をつけられなくて……」と決まり悪そうな表情で言われたりします。

僕はそういうクライアントに対して、「自分で決めたことを実行しなければ、いつまで経っても成長できませんよ」などと、説教めいたことはめったに言いません。言わなくても本人が一番わかっているでしょうし、本人がやらないと決めたのなら、それも1つの選択ではあるからです。ただ、それをやることの意味を複数の角度から根気強く伝え、やる気を引き出すよう努めます。

そのうえで、何回かそういう状況が続いたら、「もしかして、僕とのやり取りが逆にプレッシャーになっていませんか？」と、話を切り出します。

そのうえで、「もしかしたら、僕よりも若いコンサルタントとのほうが波長が合うかもしれませんね。僕がコンサルタント向けの養成塾で教えている、独立して3年目の若いコンサルタントがいるんですが、彼とだと『若い人に負けてられん』みたいな、いい意味での張り合いが出るかもしれません」と伝えたこともあります。

自分からクライアントを手放すのは、その分報酬が減るので、勇気のいる決断です。

しかし、**お互いの成長スピードが合わなくなってきたら、一緒に走っていけなくなるのは仕方のないこと**でもあります。自分から契約を終了するようなことは言いませんが、相手に新たな選択肢を与えるのは、相手のためにもなるのだと思います。

なお、知り合いのコンサルタントを紹介する場合は、1年ぐらいは監修するような立場でコンサルティングの進め方を見守ります。監修料を少しはいただきますが、それで問題なかったらその案件からは離れます。いきなり関係を切ってしまうとクライアントも不安になるので、徐々に距離を置くほうがいいだろうと考えています。

そうやって、**クライアントに合わせて妥協をしないでいられるのは、「あり方」がしっかりしているから**。トラブルが続いて自分に自信がなくなったときも、「あり方」がゆるがなければ、きっと元の道に戻ってこられます。

第4章

独立系コンサルタントの戦略的情報発信術

01

不特定多数に情報発信を始める前に

「1000人の客も目の前の1人から」

今から20年以上前、**僕は会社を辞める前に独立の準備を始めていました。**

独立したらあちこちに営業で回ろうと、システム開発会社用と飲食店用ともう1つの業種に絞ったチラシをつくったのです。まずはその3業種の会社にチラシを送ってから、電話営業をかけてアポを取ろうと考えました。

そんなとき、同僚が送別会を開いてくれたのです。そこで同僚に「どうやってお客さん集めるの?」と聞かれて、自分の計画を話しました。

すると、それを聞いていた友人の1人は真顔になり、「和仁、それ順番が違うんじゃない？　和仁は社長のビジョンを実現するとかそういうことがしたいんでしょ。せっかく経営者の飲み会とか開いて身近に社長がいるのに、そっちを置いといて、遠くの顧客に行くのって、順番が逆じゃん」と言われたのです。

その瞬間、目が覚めました。友人の言う通りで、**もっとも身近にクライアントになってほしい社長たちがいたのです**。

彼らにまず営業をかけようという発想にならなかったのは、無意識に逃げていたからです。元々交流のある人に対してコンサルティングをしたら、自分の未熟さがバレるかもしれません。そうしたら、「和仁さん、うちはもういいわ」と失望され、その先は気まずくて会いづらくなるかもしれない。

心のどこかでそう考えて、無意識に避けていたのだと思い至りました。

その夜帰宅してから、印刷会社につくってもらったチラシを全部捨てました。そして、独立してからは旧知の社長にお困りごとをリサーチして回ることにしたのです。

僕が危うくハマりそうだったこの落とし穴、おそらく多くの方がハマっているでしょう。いきなり顔も知らない不特定多数に向けて売り込もうとするのは、魚のいないプールに網を投げるようなものです。

これは情報発信も同じです。

ブログやホームページ、メルマガやSNSで定期的に情報発信している方は多いと思いますが、**顔も見えない不特定多数に向けて発信しているのは、空に向かって空砲を打つようなものです**。

僕がこの章でお伝えしたいのは、**「狙って当てる」戦略的情報発信術**。つまり、クライアントの獲得から逆算して情報発信する方法です。考え方の大枠は、第1章の見込み客へのアプローチ法と同じです。

そのファーストステップは、身近な人に伝えるところから始めます。

僕は最初のころは**クライアントだけに「ワニレポ」というレポートを送っていました**。

今月自分がコンサルの現場で気づいたことのレポートを1枚、今月読んだ本から1冊を選んで紹介するレポートを1枚。月末に請求書を送るときに、この2枚を一緒に送っていました。

クライアントが相手だと、次に会ったときに「この間のレポートはどうでしたか。わからないところはありませんでしたか？」と感想を聞けます。その感想をもとに改善していけるので、かなり文章力を鍛えられます。

クライアントに向けて何をどう書けばいいのかわからないなら、**友人や家族に向けて仕事で起きたことを伝える感じで書いてみる**といいかもしれません。

このように、徐々に読者対象を広げ、それに応じて伝え方を変えることを、僕は**和仁メソッド19「情報発信の遠近法」**と呼んでいます。

和仁メソッド19「情報発信の遠近法」

①身近な人に慣れてきたら、②見込み客、③一般の人、と徐々に伝える範囲を広げていきます。このステップで、メルマガやブログ、SNSに移行していきます。あえて分けるなら、メルマガは①と②向け、ブログやSNSは①〜③向けとなります。伝える範囲を広げていくとき、①と②、③で伝え方を変えなくてはなりません。

では、具体的にどうすればいいのか説明していきましょう。

①は既に関係性があるので、多少言葉足らずでも伝わります。たとえば、僕はよく「安心安全ポジティブな場をつくりましょう」とコンサルティングの現場やセミナーで伝えるので、クライアントならすぐにその意味を理解できます。①なら、この一言だけでOK。

②と③は「どういう意味？」となるので、言葉の意味から説明しなくてはならなくなります。

②は僕のことを多少は知っている相手、あるいは僕に興味を持ってくれている相手です。この場合は、「安心安全ポジティブな場とは、何を言っても否定されず、ちゃんと肯定的に受け止めてもらえるような場のことです。だから、安心安全ポジティブな場をつくりましょう」というふうに前段が加わります。

③は一番遠い相手です。僕のことを知らない可能性もあるので、さらに丁寧な説明が必要になります。

「ミーティングにおいて大切なことは、何を言うか、何を聞くかの前に、まずは『場づくり』が重要です。それは何を言っても否定されず、ちゃんと肯定的に受け止めてもらえるような場のことです。だから、安心安全ポジティブな場をつくりましょう」

ここまで説明すれば、理解してもらえるでしょう。伝えたい対象によって文章を書き分けると、誰が相手であっても自分の言いたいことが伝わるのです。

メルマガやブログのテーマは、①を基準に考えます。

たとえば、「逃げ癖を克服したい」と悩んでいるクライアントがいたら、それに対

和仁メソッド19「情報発信の遠近法」

〈事例〉

「安心安全ポジティブな場をつくりましょう」

という、著者がよく使うフレーズの意味を伝える場合

↓

①身近な人に伝える場合

「安心安全ポジティブな場をつくりましょう」

というフレーズをそのまま使っても、趣旨はほぼ理解してもらえる

②見込み客に伝える場合

「安心安全ポジティブな場とは、何を言っても否定されず、ちゃんと肯定的に受け止めてもらえるような場のことです。だから、安心安全ポジティブな場をつくりましょう」というふうに前段を加える

③一般の人に伝える場合

「ミーティングにおいて大切なことは、何を言うか、何を聞くかの前に、まずは『場づくり』が重要です。それは何を言っても否定されず、ちゃんと肯定的に受け止めてもらえるような場のことです。だから、安心安全ポジティブな場をつくりましょう」と、②よりもさらに丁寧に説明する。

[効果効能]

相手によって表現を変えることで、文章力が鍛えられる

する答えをメルマガやブログで書けばいいのです。僕の場合は、「先日ある経営者から、『自分でやると決めたことを、つい先延ばしにしてしまうクセを克服したい』という相談を受けました」と冒頭に場面描写を書いた上で、自分はどのように克服したのかを紹介しています。

1対1のコンサルティングの延長のような感じですね。これならリアリティが出るわけです。そうすれば、同じような悩みを抱えている読者は、メルマガやブログを読みながら自分ごととしてとらえられます。

これを不特定多数の人に向けて書こうとすると、どこにいるのかわからない逃げ癖のある人に対して、「困難から逃げたくなること、ありませんか？」と漠然とした書き方になりがちです。それだと、抽象的すぎてあまり響く文章になりません。

一方で、あえてかなり抽象度の高い書き方をすることもあります。

「社長」や「コンサルタント」を主語に使わず、「成果が早く出る人」とか、「まわりから成功者と見られている人」のような漠然とした主語にしているのです。主語を使わずに書いていることも結構あります。

それは、**普遍的な内容にしたいからです。**

その文章を読んだ社長が、社員に「これを読んでおきなさい」と渡す可能性もあるな、と思って、主語で読む対象者を絞らないようにしています。

そのように、あらかじめ「誰に読まれる可能性があるのか」という点も考えておくと、文章の書き方も選ぶテーマも変わってきます。いずれにせよ、最初に読者を設定しないと、そこが定まらずに、毎回思いついたことをただ書くだけのメルマガやブログになりがちなのです。

話の内容によっては社長やコンサルタント限定になることもあるので、そのときは冒頭で「今日はコンサルタントのこんな悩みにお答えします」という感じで、わかるようにしています。

そうすれば、コンサルタント以外の人はその回は読まないかもしれません。最後まで読んで、「なんだ、今回は関係なかった」と読者をガッカリさせないためにも、こういった心配りは大切です。

ただ、なかには「自分はコンサルタントではないけど、コンサルタントの考え方を知っておきたい」という人も一定数います。その人たちは適切な目的意識を持って読み始めることでしょう。

なので「誰に向けて書いているか」は常にイメージしたいものです。

02

媒体ごとに情報発信のスタンスは変えるべきか

「情報発信は内容・表現方法をきめ細かく使い分ける」

僕が独立したときはインターネットが今ほど普及していなかったので、ＳＮＳはありませんでしたし、ホームページをつくる会社も、まれでした。僕も自分のホームページをつくったのは独立して1年ぐらい経ってからです。

今はこれだけ豊富な宣伝ツールがそろっているので、活かさない手はありません。ただし、何となくホームページやブログを開設し、ＳＮＳで情報発信しているようでは落とし穴にまっしぐらです。

それぞれをどう使うかをまず定めないと、情報がまったく伝わらない宣伝ツールに

なってしまいます。複数の媒体を漠然と同じ目的で使っていては、莫大な労力がかかるのに得られる成果が小さく、割に合いませんからね。

そこで皆さんにおススメしたいのが、和仁メソッド20「成約につながるWeb戦略」です。

和仁メソッド20「成約につながるWeb戦略」

これは、ホームページ、コンテンツサイト、ブログ、SNSなどを組み合わせて、連動させながらコンサルタントとしての認知と理解を高め、成約につなげていこうという戦略です。

具体的には、次のように使い分けています。

①ホームページ

ホームページは会社カタログであり、ネット上にある受付機能です。

僕の場合であれば、経営コンサルタントとして何をしているのかという紹介と、コンサルタントになりたい人向けにノウハウを教えているという紹介をしています。

今は出会った相手がどういう人なのかをネットで調べるのは常識なので、簡単なホームページでもあると自分を知ってもらえる足がかりになります。

ホームページには最低でも次の3つは入れましょう。

◎プロフィール

僕は公の場での自己紹介は短めにしていますが、**ホームページでは僕の人となりが伝わったほうが問い合わせや契約などの次の行動に結びつきやすいので、プロフィールはかなり長めに書いています。**

たとえば、「名古屋大学農学部で、木製廃材の強度を研究していた4年生の春。『いつか経営者になりたい』という自分の思いに気づき、急きょ方向転換。新聞すら読まない経済音痴ながら経営コンサルティング会社に入社」という感じで、「どうやって経営コンサルタント和仁達也が誕生したのか」とストーリーを語っています。

そのほうが学歴や資格名、実績を列挙するだけのプロフィールより、人間味が感じられるからです。

実績やどのようなコンサルティングをしているのかも紹介していますが、「妻と娘の3人で名古屋市在住」「少林寺拳法は三段の腕前」といったプライベートについても触れています。

◎ビジョナリープラン

自分がどんなコンサルタントを目指したいのかという想いを伝えるコンテンツです。ここはコンサルタントによって個性が際立つところであり、第3章で説明した自分の「あり方」を知ってもらう役割を果たします。

僕の場合はビジョナリープランである、自分のミッション、セルフイメージ、カンパニースピリッツ、ビジョンについて、詳しく紹介しています。

コンサル契約を結んでから、「相性が悪かった」「話が全然合わない」といったトラブルが起きたら、お互いにとって不幸なだけです。理念や哲学に共感する人だったら話は合うでしょうから、目標に向かって一緒に走れる確率は高くなるでしょう。

◎商品・サービスメニュー

一般的な経営コンサルタントなら、「経営診断」「経営戦略策定」「営業・販売強化コンサルティング」といった種類別の商品名を掲載しているケースが多いようですが、これは「自分起点」と言えます。

一方で、僕の場合は「中小企業経営者向けに対面で行うコンサルティング」「お金の流れを見える化することにフォーカスしたキャッシュフローコーチング」と、かなり抽象的な商品名です。**どのメニューもクライアントのお困りごとを解決するのが大**

前提なので、一般的なコンサルタントがしていることとはまったく違うからです。

商品名で「自分は何ができるのか」が決まってしまうので、名前はしっかり考えてつけましょう。

また、**料金も表記したほうが親切だと思います**。なかには料金を明記せず、「お問い合わせください」としているサイトもありますが、問い合わせた結果、自分が支払える料金を大きくオーバーしていたらガッカリします。その手間暇をかけさせるのは、あまり親切だとは言えません。

僕は商品ごとの料金を表記していますし、消費税・旅費もご負担していただくことも明記しています。これなら、その料金でも任せたいと思う人が問い合わせてくるので、双方にとってストレスにならないのです。

◎全体として

最初からつくり込んだ立派なホームページにする必要はありません。

実績を積んだらお客様の声を入れ、セミナーをやりだしたらセミナーに関する案内、メルマガをはじめたらメルマガの登録ボタンなどを徐々に付け加えていけばいいと思います。

なお、**自分の身元確認のためのホームページなので、原則として顔写真は載せるべ**

和仁メソッド20「成約につながるWeb戦略」

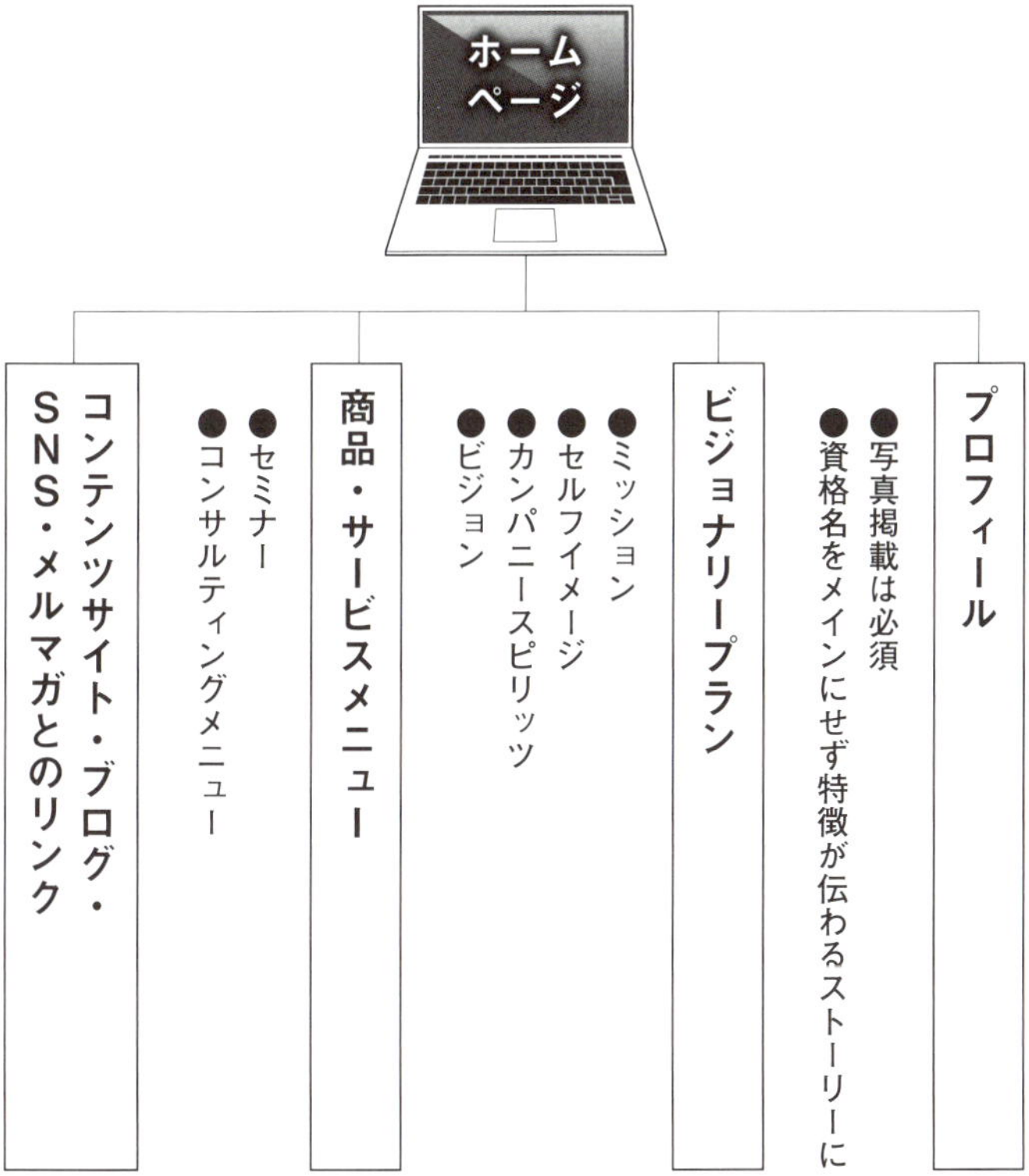

[効果効能]

Web上での自分のイメージやブランドに統一感を持たせて知名度を高め、成約につなげる

きです。写真を載せておくと会う前から顔を知っておいてもらえるので、相手に親近感を持ってもらえる効果があります。

顔写真は、できれば**プロのカメラマンに撮ってもらうのをおススメします**。真正面ではなくちょっと斜めの角度から撮ったほうがいいなど、見栄えのいい映り方があります。それはプロが熟知しているので、自分のベストショットを撮ってもらうほうが話が早いのは間違いありません。

基本的には胸から上の写真（バストアップ）になるので、ネクタイやジャケットをどんな色にするのかなども含めて、プロのカメラマンに相談してみましょう。

また、以下に紹介していく**「コンテンツサイト」「ブログ」「SNS」「メルマガ」とのリンクを張ることも、Web戦略としてはとても重要です**。簡単にできることですので、ぜひ、実行してください。

②コンテンツサイト

コンテンツサイトは、ホームページとは別に、自分の専門分野のお役立ち情報を詳しく紹介するサイトです。

僕は『オンライン版コンサルタントの教科書』という、拙著と同名のコンテンツサイトをつくっています。これは、僕や日本キャッシュフローコーチ協会の会員たちが、コンサルタントのお困りごとを解決するために、パートナー型コンサルティングの「あり方」「やり方」をさまざまなアプローチで伝えるサイトです。

ホームページは会社カタログ的な役割であるのに対し、**コンテンツサイトはお困りごとを解決するための読者に役立つサイトです。**コンテンツサイトは顧客に配る小冊子的な役割だと考えると、イメージしやすいかもしれません。

ちゃんと「見込み客のお困りごと起点」でつくり込めば、キーワード検索からの流入で見込み客との出会いのきっかけになります。

③ブログ

ブログは自分の考えを蓄積していくツールです。内容は、日記の延長でいいと思います。

僕も「最近ウクレレを始めました」のようにプライベートなことを書いています。

ただ、「ウクレレ楽しいです」という程度の内容だと、読む側にとっては面白くもなんともありません。やはり、日記であっても読む側に、「あ、その着眼点面白いな」「なるほどね」と思わせるようなことが書いてあると、続けて読んでいきたいと思ってもらえるでしょう。

僕の場合、かつて、趣味が高じてプロのプレイヤーとのコラボでウクレレのイベントを開いていたので、ブログを通して告知しました。

\OK/

「仕事以外の人生の軸があまりなかった人たちが、このパーティーをきっかけに、音楽に触れ、楽器を触り、仕事とは離れたところで友人をつくる。そして、気がつけば仕事にもつながっている。そんなゆるやかで、心地の良い仲間を今後も全国に、あるいは国境を越えてつくっていけたら、と願っています」

こういう書き方をすると、「仕事以外の出会いの場って、やっぱり大事だな」と気づきを得てもらえるかもしれません。

ただ、フェイスブックでプライベートなことを書くようになってから、ブログの使い方を変えました。今はメルマガのバックナンバーを蓄積する位置づけにしています。

ブログは読者との交流があまりできませんし、わざわざ読みに来てもらわなければならないので、ＳＮＳと連動させるのが読んでもらうためのコツです。

具体的な方法は、この後詳述します。

④SNS

SNSは書き手と読み手の距離感を縮めるコミュニケーションツールです。互いに「いいね！」をし合ったりするので、交流がしやすくなります。

僕はフェイスブックにほぼ毎日投稿しています。「今朝は10キロジョギングしました」のようにプライベートに関することをつぶやいたり、その日あった仕事について報告したり。画像やミニ動画と共に投稿しています。

コツは短くまとめること。フェイスブックに長文を書いても読んでもらえないので、**スマホならあまりスクロールしないで読めるぐらいの分量にするのが基本です。**どうしても長文にしたいのなら、ブログに書いて、フェイスブックやツイッターで告知してブログページに飛んでもらうほうがいいでしょう。

ツイッターはそれほど活用していないのですが、フェイスブックに書いたことをさらに短くして投稿しています。情報の拡散ツールとして、まだお試し中という感じです。インスタグラムは使っていません。

業種にもよりますが、経営者はフェイスブックを使っている人が多いので、コンサルタントがどれか1つを選ぶのなら、フェイスブックがおススメです。

僕はそれほど熱心には投稿していませんが、「1日に何通まで」とペースを決めて投稿すれば無理なく続けられるのではないでしょうか。

⑤メルマガ

メルマガの多くは、毎週定期宅配される週刊誌のようなものです。

マーケティングの世界では「プッシュ型」と「プル型」という用語があります。ここまで述べてきた媒体の多くは、ユーザーが自ら情報を取りに行くプル型です。メルマガはこちらから送りつけるのでプッシュ型になります。

僕は、メルマガは読者にとって一番役立つ情報発信をするよう心掛けています。お困りごとを解決するヒントになりそうなノウハウを紹介したり、セミナーや商材などの案内も載せます。

僕的には、ビジネスに一番直結するのはメルマガです。メルマガはブームが過ぎて、もう終わった感がありますが、自分の都合で送りたいときに送れるので、情報が一番伝わりやすいツールです。

ただし、プッシュ型なだけに迷惑に思われる可能性も考えなくてはなりません。

「SNSも組み合わせることでブランド力を高める」

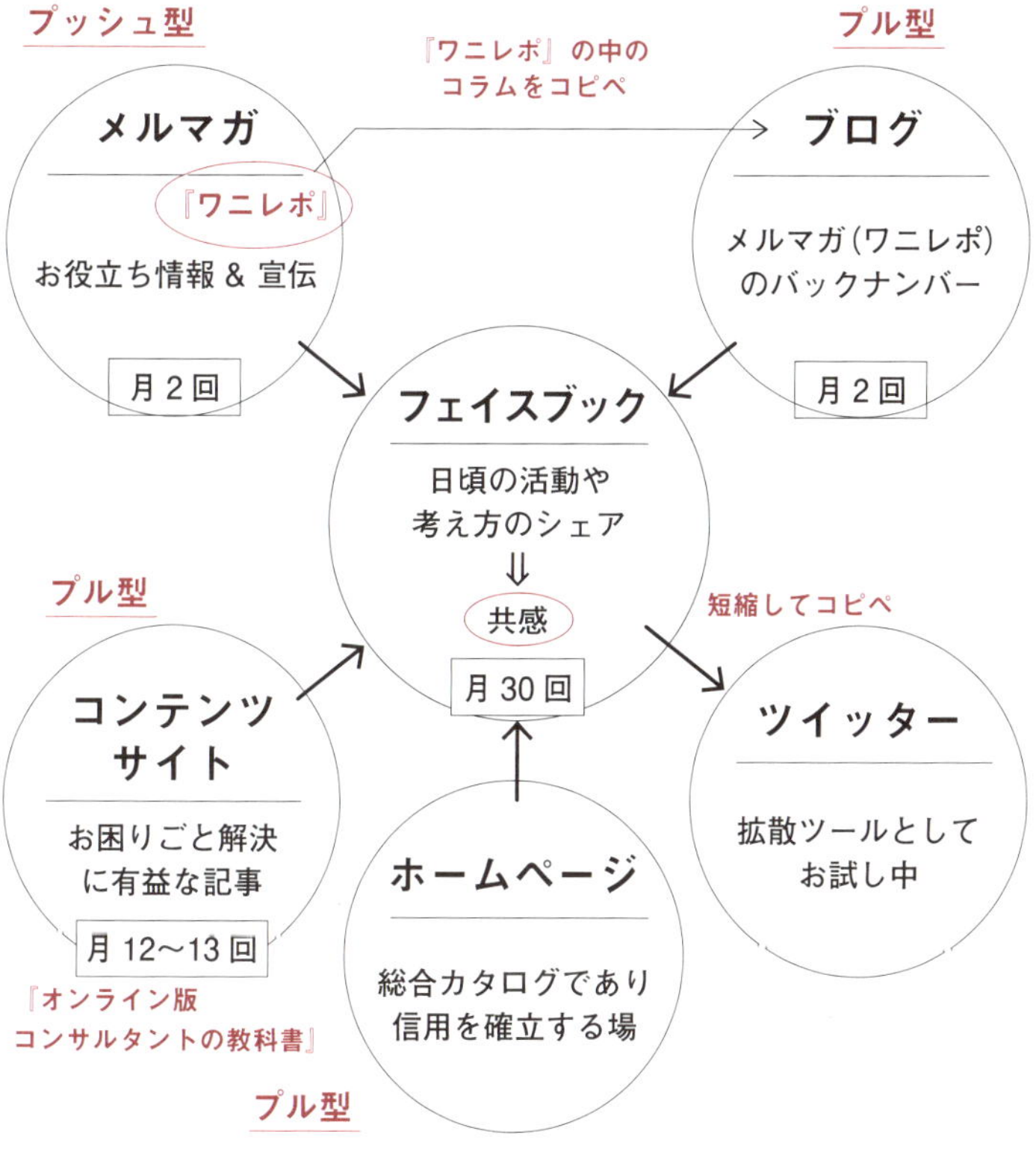

［ 効果効能 ］

SNS は、それぞれのツールの特徴を知って使い分けることで、見込み客に自分のことを深く知ってもらうことができる

たまに名刺交換した相手や企業からいきなりメルマガが送られてくることがありますが、それって迷惑に感じませんか？

メールの下のほうに解除の方法も表記されていますが、「あ、和仁さんが解除しちゃった」とバレるので、小心者の僕はうかつに配信停止にできません。それ以前に、わざわざ解除の手続きをするのも面倒です。数十秒で済む動作であっても、相手に負担を強いているという点は変わりません。

ですので、**もしメルマガを読んでもらいたいのなら、相手に許可を得てから送るべきです**。望んでもいないメルマガが送られてきたら、いい宣伝になるどころか、悪い宣伝になってしまいます。

このとき、「送っていいですか？」と聞いたら、相手もノーとは言いづらいので、「メルマガも配信しているので、よかったら読んでみてくださいね」と伝えて、自分で登録してもらう程度で充分です。

03

情報発信で一番大切なこと

「受信する人の『お困りごと』にフォーカスしよう」

情報発信の内容は、相手のお困りごとにフォーカスすること。これに尽きます。

情報「発信」というと、どうしても自分の伝えたいことを発信しようとします。これが落とし穴なのです。

今までもお話ししてきたように、人は基本的に自分のことにしか興味はありません。

いくら「経営者はもっとこういう視点を持つべきだ」と自分の思いの丈を文章に込めても、相手に興味がなければ読んでもらえません。それが相手にとって役立つ内容であろうと、相手が欲しい情報でなければ読んでもらえないのです。

それを考えると、ツイッターで「今日のランチです」「カフェでくつろいでいます」と自分のプライベートを実況中継しても読んでもらえないのは明らかですし、ブログで毎回思いついたことを書くだけでは関心を持ってもらえないでしょう。

大して有名でもない人が自分の伝えたいことばかりを書いてあるメルマガでは、読む側には暑苦しいもの。最初はそれでもいいのかもしれませんが、読み手の反応が薄すぎるとやる気がなくなっていきます。

そこで、**相手のお困りごとと自分が伝えたいことを結びつけて書くのが理想的です**。

相手のお困りごとを起点にしながらも、自分の伝えたいことに触れられれば、書くモチベーションはずっと保っていられます。

僕の場合、始めたときから「めんどくさい仕事を先送りしないためにどうすればいいのか」「気が乗らない仕事は15分だけ、とりあえずやる」といったことをテーマにメルマガを書いてきました。こういうテーマは職業や立場に関係なく誰もが抱えている悩みなので、共感を得やすいのです。

そういった普遍的なテーマに、たとえば「1か月間、電話コンサルティングやセミナーを入れずに、積極的に空白をつくることで多くのものを得られた」と自分の体験を絡めて書きます。そうすれば、自分の考えや想い、エピソードを交えつつ、多くの人のお困りごとを解決するヒントになるようなことも伝えられるのです。

今もその基本スタンスを崩さずに、ずっとメルマガを続けています。月2回発行のメルマガは独立3年目から始めて数百回以上になり、それとは別にセミナーや商材などの告知があるときも号外版を配信しています。

メルマガは自分なりのテンプレートを決めたほうがいいと思います。

毎回、テーマに合わせて内容の構成を考えていたら、かなり時間がかかります。それに、文章を書くのが苦手な人にとってはハードルが高くなるでしょう。

テンプレートを決めて、そこに伝えたい内容をあてはめていけば、それほど時間をかけずに原稿を作成できます。

その、**和仁メソッド21「すぐ書けるメルマガのテンプレート」**をご紹介します。

和仁メソッド21「すぐ書けるメルマガのテンプレート」

1、**タイトル（第○号かも記す）**
2、**お知らせ（短い告知）**
3、**近況：人柄や活動内容が伝わる、身近に感じてもらうためのフック**
4、**コラム（ワニレポ）：役に立つ、気づきがある本文**

5、商品紹介：直近のセミナーの案内など
6、編集後記：肩の力を抜いて読める、ちょっとした話

僕のメルマガのネタが尽きないのは、コンサルやセミナーの現場で気づいたことをテーマにしているからです。

よく、いつ会っても同じような話しかしない人がいるでしょう。そういう人は自分の中で情報を更新する作業を怠っているのです。情報は自然と流れ込んできてストックされるものではなく、自分で情報を集めてストックする作業をしない限り、たまっていきません。

僕は、**「これは何かに使えそうだな」と思ったときはクラウド上のメモであるEvernoteに書き込んで、蓄積します**。メルマガはそのメモをもとにまとめています。かつてはポストイットにアイデアを書いて手帳などに貼り付けていました。そのように常に情報を拾っていればネタは無限に集まります。

また、情報発信するときは、**自分のセルフイメージにもとづく自分のキャラを設定すると書きやすくなります**。細かな話ですが、文末を「である」調か「ですます」調かも、それによって決まります。

カリスマ的なイメージのあるコンサルタントのなかには、上から目線の文章を書く方もいます。それがその人のセルフイメージに合っているのなら、全然問題ありません。

僕はあまり硬くなりすぎないように、知り合いに語りかけるような自然体な感じの文章を心がけています。

ところで、メルマガは相手の許可を得ずに送らないほうがいいと前述しましたが、1つ、許可を得やすい方法があります。それが、和仁メソッド22 **「さりげないメールアドレス収集法」**です。

和仁メソッド22「さりげないメールアドレス収集法」

セミナーをするとき、アンケートを取るのは基本です。僕はそのアンケートにメルマガ登録欄を設けています。

とはいえ、それだけではメールアドレスを書いてもらえません。

そこで、僕はセミナーが終わる前に、「今から3分間だけお時間をいただいて今日のアンケートをお願いします」と、アンケートの質問内容を説明します。そのうえで、

「下に『ワニレポをお届けします。（無料）』って書いてありますけど、これは月２回コンサルの現場で得た気づきを皆さんの参考になるように書いているメルマガなんです。無料なんですけど、有料でも読みたいと好評をいただいているので、もしご興味ある方はメールアドレスを書いておいてくださいね」

と説明すると、ほぼ全員が書いてくれます。

ここから先も重要です。

アンケートを書き終わったころを見計らって、

「今日の内容を今から少しダイジェストで振り返りますね」

と、２分ぐらいでざっと要点を説明します。その間もアンケートを書き続けている人もいますが、解説を終えてセミナーを終了するころには、机の上にはびっしりと書き終えて裏返しになったアンケートがたくさんできあがるのです。

とはいえ、いかにメールアドレスをたくさん集めたとしても、メルマガはただ配信しているだけではダメ。読んでもらうための策を練らなければなりません。そこをきちんと考えているメルマガは、購読者に長く読んでもらえる宣伝ツールになります。

和仁メソッド22「さりげないメールアドレス収集法」

会社名：

氏名　：

本日はありがとうございました。お手数ですが、下記アンケートにご記入をお願いします。（選択肢の中で該当するものに○をつけ枠内にその説明をお書き下さい）

1）内容の参考度（講演の内容で、参考になる話・考え方を吸収できましたか？）

a. 大変参考になった　b. 参考になった　c. どちらとも言えない　d. 参考にならなかった

それは、特に次のところです。

⇒　あなたのコメントをホームページなどでご紹介してもよろしいでしょうか？

□　本名でOK！　□　イニシアルならOK！　□　紹介はダメ！

2）希望者には、和仁が月２回配信しているメルマガ「ワニレポ」をお届けします。（無料）

□　ワニレポの購読登録を希望します　□　すでに購読登録しています

→ メールアドレス：　　　　　@

※　登録時の誤字を避けるため、丁寧にご記入をお願いします。

3）今日の講義を聞いて、今後このような機会があれば聞いてみたいことがありましたら、自由にお聞かせください。今後の参考にさせて頂きます。

©Wani Management Consulting All rights reserved.

［ 効果効能 ］

アンケート用紙を使って
さりげなくメールアドレスを集めることができる

04

5G時代に動画での情報発信はどうあるべきか

「動画のつくり方にもテンプレートがある」

動画ももちろん、情報発信のための有効なツールです。

僕もYouTubeにワニマネジメントコンサルティングのチャンネルをつくり、本を出版するときのPR動画やセミナーの一部を紹介する動画をアップしています。僕のことを知らない人でもYouTube経由で見に来てくれるので、出会うきっかけを増やすのが狙いです。

今は自分のコミュニティ向けの発信にエネルギーを注いでいるため、対外的な動画の発信はあまりしていませんが、必要ならいつでも動画で発信できるというのはとても安心感があります。

文章を書くのが苦手な人は、動画で伝えるのも手段の1つ。ユーチューバーのようにブログ代わりに短時間の動画をアップするのもいいかもしれません。

情報量は活字よりはるかに多いですし、3分もあればある程度のまとまったノウハウを伝えられます。文字にしたら冷たく伝わってしまったり、微妙なニュアンスがうまく伝わらないことも、動画だと自然に伝えられるメリットもあります。

笑顔で話していたら、「この人、いい人そうだな」と印象づけられますし、会っていないのに会ったことがあるような錯覚も感じさせるので、動画はやはり使いこなせると1つの武器になります。ホワイトボードなどを使えば図を書きながら説明できるので、相手の視覚に訴えかけられる使い方もできるでしょう。


僕は1~10分ぐらいの動画をつくります。

本やセミナーなどのPRは1分台がちょうどいい長さです。一方的なPRなので、それ以上長いと「うざいな」と感じて買ってもらえなくなるかもしれません。

お役立ち情報なら**基本は3分ぐらいでまとめるのがちょうどいい長さでしょう。**テレビの番組と番組の間のCMタイムが大体2~3分間ですが、それぐらいなら人は無理なく見続けてくれます。

セミナーの一部を紹介するなら、8~10分ぐらいが適当です。動画の視聴者が役立つような情報を少しだけ開示して、「実際にセミナーに行ってみたい」と思ってもらえるような動画にすれば、顧客を獲得できる率は高くなります。

話すことに自信があるのなら、有料にして販売してもいいと思います。15分ぐらいの動画でノウハウをがっつりと紹介すれば、本の1章分を読んだぐらいの情報量を提供できるでしょう。

ただし、よほどの話し上手でない限りは、シナリオとまではいかなくても、メモを用意するのが基本です。何も用意しないで撮影を始めたら、ダラダラと話したり、途中で何を伝えたいのかわからなくなり、グダグダになる可能性大です。

ここでの落とし穴は、シナリオやメモを棒読みしてしまうこと。

話すことでいっぱいいっぱいになってしまい、メモを読みあげているだけになってしまう方もいますが、それなら動画を公開しないほうがまだマシです。あきらかに緊張していて、目がキョロキョロと泳いでいる方も見かけます。

文章よりも動画のほうが人に与えるインパクトが大きいので、「この人、自信なさそう」「落ち着きのない人だな」と思われたら、仕事にはつながりません。

動画は何度も撮り直しができますし、編集もできるので、自分で確認するのは必須です。顔の向きや声のトーンによっても与える印象は変わってくるので、いろいろ試して自分のベストを探ってみましょう。

ここで、**和仁メソッド23「動画製作の5大ポイント」**をご紹介しておきます。

和仁メソッド23「動画製作の5大ポイント」

1、冒頭に、「何の話をするか、視聴者にどんなメリットがあるか」を短く言い切る。
2、表情を豊かに、笑顔を意識する。
3、メモを見るなら下ばかり見ないよう、前に（カメラの背後に）置くと、カメラ（視聴者）に向かって話している感じになる。
4、身振り手振りを使って、感情を2割増しで話す。
5、最後に何を提案するのか、終わり方をちゃんと決めておく。

動画の撮影に自信がない場合は、動画のつくり方を教えてくれるセミナーに通って教わるのをおススメします。さらに言えば、**自分ができないことをプロの手を借りて解決する**のは、恥ずかしいことでもなんでもありません。お金の余裕があるなら料金を払って撮影してもらってもいいぐらいだと思います。

動画はさまざまな使い方ができます。

僕はセミナーの様子をＤＶＤにして販売したり、自著を買ってくださった方に無料で動画をプレゼントするキャンペーンもやっています。書籍の内容に動画の情報が加わると、「セミナーに参加しようかな」という気になりやすくなるのです。

なかには、**顧客にインタビューして自分のサービスについて語ってもらう動画をつくるコンサルタントもいます**。それも自分で「こんなコンサルをしています」と伝えるよりもリアリティがあるので、宣伝の方法として効果的だと言えるでしょう。

今は電車の中でスマホで動画を観ている人が多いので、それも想定して、**通勤途中で観られるミニセミナー的な動画をつくってみる**のも面白いかもしれません。

なお、見た目の工夫は最低限すること。清潔感のある服装で、髪や爪も整えるのは基本です。

どんな場所で撮影するのかも大事なポイント。まわりに荷物が散乱し、散らかった机を前にして話すと、それだけでだらしがないようなイメージを与えてしまいます。

品のいい調度品や本棚の前で話すなど、自分をどのようなイメージで印象づけたいのかを考えてセッティングをするのも大事なことです。

第 5 章

独立系コンサルタントの勉強法

01

コンサルタントは何を学べばいいのか

「自分を『ガラパゴス化』させないためにインプットを続ける」

独立したばかりのころは、誰でも不安や恐れを抱えています。

僕もそうでした。だから、少しでも安心するために中小企業診断士やファイナンシャルプランナーの資格をとろうとしていたのです。

社長に何か聞かれて答えられなかったら契約を切られるかもしれないという不安や、箔《はく》をつけたいという焦りや恐れ。最初のころは不安や恐れが原動力となって勉強に走るのは、それはそれでいいと思います。必死になって吸収しようとするので、得るものは多いでしょう。

問題なのは、その後です。

独立してある程度経験を積み、仕事が軌道に乗りはじめると、あまりがむしゃらに勉強しなくなります。

僕は、**勉強をしなくなったとたん、成長のスイッチが切れる**と感じています。

確かにコンサルティングの現場で学べること、吸収できることは山ほどあります。毎日、全国を飛び回って大勢のクライアントと接していると、それだけで多くの情報に触れているような気もします。

実は、これが怖い落とし穴なのです。成長が止まってしまっていることに、自分で気づいていないからです。

10年ぐらい前に学んだ知識やスキルを得意げに語る人、いますよね。周りからは「いつの時代の情報だよ」と思われているような、残念な人。コンサルタントでそれは致命的です。クライアントのお困りごとが常に進化していれば、自分自身も勉強しないとおいてけぼりになってしまいます。

経験が積み重なったらがむしゃらには勉強しなくてもいいですが、常に最新情報を取り入れないとあっという間にガラパゴス化していきます。僕も独立したてのころは月に20冊ぐらい本を読んでいました。今でも月に10冊は読んでいますし、NewsPicks

などの有料会員制サービスで最新情報を仕入れたり、頻度は減りましたが今でもセミナーや講演会に足を運ぶこともあります。

それは、**知りたい、学びたいという好奇心と、クライアントのためになりたいという使命感に突き動かされているから**。

ノーベル医学生理学賞を受賞した本庶佑《ほんじょたすく》さんは、研究の原動力は「何かを知りたいという好奇心だ」と話しています。研究する上で大切なことは「好奇心」「勇気」「挑戦」「確信」「集中」「継続」の6つだとか。

これはどんな分野でも共通する要素でしょう。コンサルタントは、それら6つの要素プラス、クライアントのためという使命感が加わります。

もしもコンサルタントとして経験を積んできたのに、最近仕事が流れ作業的になっていたり、仕事から刺激を受けなくなっていたら、好奇心のアンテナの感度が鈍っているのかもしれません。

とは言え、実は僕も一時期、「まだ成長しなくちゃいけないのか？」と足を止めていた時期があります。

独立して10年が過ぎ、クライアントには恵まれているし、ＣＤやＤＶＤをつくって販売し、セミナーも軌道に乗ったし、書籍も出版した。毎日忙しく過ごしているので、これ以上勉強する必要はあるのだろうかと、しんどくなっていました。

ある日、「苦痛になるのは、義務感から勉強しているからではないか」と思い至りました。

「自分はまだまだ能力が足りない」「価値が不十分だ」と不安や恐怖にかられて勉強していたので、いつの間にか学ぶのが楽しくなくなっていたのです。

それに気づいてからは、**「自分が興味のあることをやってみよう」**と気持ちが切り替わりました。〝義務感〟ではなく〝好奇心〟をモチベーションの源泉にしたのです。

そして、それまではiPhoneやiPadなどの最新機器はあまり使ってみたいと思わなかったのですが、試してみると面白くてビジネスにも取り入れるようになりました。

さらに、フルマラソンやウクレレ、プロレス観戦など、仕事とは関係のなさそうなことでもやってみると、多くの学びや気づきを得られる。本を読んだりセミナーに通うのだけが勉強ではないのだと実感しました。

人は年齢と共に保守的になる傾向があります。さらに、経験を積むと、経験則だけで対応できてしまう。それを自ら壊すためにも、まずは自分が楽しいと思うことを始めてみてはいかがでしょうか。

02

誰もが通る、「自己投資過多」の時期の過ごし方とは

「情報はアウトプットしなければ、ただのゴミ」

自分への投資は大事だという点は、誰もが認めるところでしょう。

しかし、一歩間違えると大きな落とし穴が待ち構えています。

あちこちのセミナーを渡り歩いてセミナー疲れを起こしている人は、せっかくインプットした情報が活かされないまま賞味期限切れを迎えてしまうというものです。

情報にも賞味期限があります。そのとき使わなかった情報は、せっかく仕入れたのに使わないまま終わるかもしれません。それだとインプットするために費やした時間がムダになってしまうのです。

そうなる原因は、アウトプット先を考えていないのに、インプットしているから。みんなが行っているから行ってみようとか、今話題のセミナーだから受けてみようという理由だけで参加しているのなら、まったく自分のクライアントを見ていないことになります。

先にクライアントのお困りごとをリサーチして、解決するためにインプットするという順番が大事。狙う魚を決めてから釣竿を選べということです。お困りごとを把握していたら、関連するテーマのセミナーを選ぶのでムダなインプットを減らせます。

和仁メソッド24**「アウトプットが先、インプットが後」**は、僕が今まで出版してきた本のなかでも何度か述べてきました。

和仁メソッド24「アウトプットが先、インプットが後」

これは「先にアウトプットする場を用意してからインプットをしよう」という意味です。インプット過多になっていたとしても、アウトプット先がたくさんあれば、あっという間にその情報量は減っていきます。

常に新鮮な情報を仕入れるためにも、アウトプットで容量を減らしていくのは大事なのです。そうして、循環を高速回転させることで、変容進化が加速します。

資格を取るのをすっぱりと辞めた後、僕はセミナーに足しげく通いました。

独立して10年間は、神田昌典氏や「成功の9ステップ」を提唱するジェームス・スキナー氏、伝説のマーケター、ジェイ・エイブラハム氏、潜在意識の研究家、梅谷忠洋氏など、各分野の権威や第一人者のセミナーには迷うことなく投資しました。

高額なものが多く1日で最低でも5万円、3日で数十万円、なかには年間コースで300万円超。独立したての僕にとっては、貯金がちょっとずつ貯まってきたころだったので、それこそ清水の舞台から飛び降りる覚悟です。

既に結婚していたので、妻に叱られるかと思ったのですが、意外にもあっさりと「いいんじゃないの」と言ってもらえて、妻には今でも感謝の気持ちでいっぱいです。

結果的には、その当時の投資は何百倍にもなって自分に返ってきています。

コンサルタントには生産設備は必要なく、むしろ自分自身が生産設備になるので、「自分に投資せずに何に投資するんだ」と思って当時は学んでいました。

ただ、トータルで何千万円も投資してインプットしたのは、コンサルやビジネスの現場で使いたいというアウトプット先が決まっていたからです。

知識や情報は現場で活かしてこそ、知恵になります。アウトプットする先が決まっていたら、どんなに知識や情報を詰め込んでも、頭でっかちのまま終わるということはありません。したがって、この時期にインプットした学びや知恵は今のコンサルティングや講座運営に生かされています。

そして僕のコンサルタント向けの養成塾は半年間で40万〜50万円と決して安くはないのですが、その受講期間に参加者の6割以上の方が元を取っています。さらに1年間でいうなら、8割ぐらいの方が元を取れています。

たとえば、月額5万円の顧問料の契約を1件取れたら、5万円×12か月で60万円になるので、1社で元を取れるということです。翌年以降はすべてが利益になります。

入塾当初から「アウトプットが先、インプットが後」と伝え続けているので、塾生も契約を取ってコンサルをするというアウトプットを考えながらインプットします。

学びをどう行動に結びつけるかを常に考えるので、情報を吸収しやすいのです。

ちなみに、僕は独立したてのころは速読や会計、マーケティングといったスキル系の本も読んでいましたが、一方で中村天風のような思想家の本や人間学を学べる月刊の雑誌『致知』などもよく読んでいました。企業経営者は思想家に傾倒している方も多いので、どういった考えが人を惹きつけるのかを知るために手に取ったのです。

このころは、購読しているメルマガで勧めている本や、知り合いから勧められた本、書店で気になった本など、ありとあらゆる本を読んでいた記憶があります。そうやって取りつかれたようにインプットしていました。

今でも講演会やセミナーに参加して勉強しているのは、僕がコンサルタントのプレーヤーであり続けるためです。

最終的には、コンサルの現場の中に最高の学びがあります。ただし、人は自分の中にないものは見えないし、気づきも得られないものです。だからこそ、**あえて自分とは違う分野の情報を取り入れて、柔軟性を養っていきたい**。

そのためにも、アウトプットとインプットを繰り返して基礎力をつけるのです。

ちなみに、「どういう基準で学びに行く先を決めるのか?」とよく尋ねられるのですが、僕には3つの基準があります。それは①高額なもの優先（お金よりも魅力的な参加者との出会いに価値があるから）、②その分野の第一人者、③単なる知識や情報の収集ではなく、自分のお困りごとの解決策が得られる、の3つです。

この基準をクリアしたセミナーであれば、考えが整理され、新たな行動を起こしやすくなり、投資回収は時間の問題と言えるでしょう。

03

コンサルタントには学ぶべき必須科目があるのか

「意味のない勉強はない」

経営コンサルタントは何の勉強をすればいいのでしょうか。

ロジカルシンキングやプレゼンテーション、コミュニケーションなどを勉強している人もいるでしょうし、ＭＢＡを取ろうと頑張っている人もいるかもしれません。

それらを勉強したから安心だと思っているとしたら、落とし穴にハマっています。

勉強はムダにはならないでしょうが、基本的にはコンサルティングの現場で試行錯誤しているうちに身につくスキルが多いので、どうしても学ばなくてはならないことではないと思います。

経営コンサルタントとして必須の知識はやはり経営数字、それも実践に役立つ数字です。なぜなら、すべての社長の意思決定にお金の出入りが伴うからです。

僕は、経営数字を読むために中小企業診断士の勉強をし、決算書に関する本もたくさん読みました。また、前職でも仕事で財務分析のお手伝いをしたこともあり、経営数字についてはそれなりに知識が身につきました。

しかし、実際には経営の現場では使わない知識がほとんどでした。当時得た知識を100%だとすると、僕がキャッシュフロー経営のコンサルティングをするうえで使っているのは、おそらく20%ぐらいの知識でしょう。

残り80%は知っておくと気持ち的に余裕が生まれるかもしれませんが、実は20%の知識をピンポイントで学んでおけば充分だったと、今の僕なら思います。

それでは、どのようにその20%の知識を学べばいいのか。

これは手前みそで恐縮ですが、**拙著『年間報酬3000万円超えが10年続く コンサルタントの経営数字の教科書』（かんき出版）を読んでいただく**のが、手っ取り早い方法です。

この本では「お金のブロックパズル」という図を使って、会社のお金の流れを一目でわかるようにする方法を紹介しています（153ページ参照）。

ブロックパズルは売上高や変動費、粗利や人件費などの会社の収入と支出を、ブロックに書き込んでいくだけのツールです。多くの中小企業の社長はお金に関することは経理や税理士に任せて、自分ではちゃんと把握していない場合が多いのですが、お金のブロックパズルを書けば、どこでお金が使われているのか、どうしたら利益を生み出せるのかが瞬時にわかるようになります。

つまり、コンサルタントは決算書を読めなくても、このブロックパズルを使ってクライアントに説明できるようになれば、クライアントのお金に関するお困りごとを解決できるのです。数字に弱い人は、なおさらブロックパズルを身につけることをおススメします。

この本で語っているのは、僕が時間をかけて効率の悪い勉強をしたなかで、「コンサルの実務においてはこれさえ学んでおけばいいんだ」とわかったことばかりです。皆さんはこれさえ学べば時間や労力を大幅に節約でき、効率よく勉強できます。

この本で書いてあることを押さえておけば、コンサルティングの現場で8、9割は対応できます。残りの1、2割はそのときそのときで勉強していけば、ムダなインプットをする手間を省けるのです。

また、もし、何を勉強したらいいかわからないなら、**中小企業診断士の勉強をするのも1つの方法です**。僕は資格を取りませんでしたが、1次試験の科目にある仕入管理、販売管理、経営基本管理などの知識は役に立ちました。

1次試験の科目だけでもおおまかに学んでおくと、経営コンサルタントで必要な知識は一通り習得できると思います。そのうえで、各業界についての基本的な情報はそのつど仕入れておくといいでしょう。

たとえば、歯科医院でコンサルティングをするときは、「収入の8割ぐらいは保険収入で、2割は自費治療の収入である医院が多い」とか、「保険収入は国から入金されるのは2か月後だから資金繰りがずれる」といった基礎的な情報がないと、クライアントの話がチンプンカンプンになります。

医療の専門知識は必要ありませんが、取り巻く環境について最低限の知識がないと厳しいのは事実です。

くれぐれも、**コンサルタントは実業であり、実学が必要なのだ**ということを忘れないようにしましょう。どんなに高価で美しい包丁をたくさん持っていても、切れ味が悪かったり使い方が悪いと、おいしい料理はつくれないのです。

04

時間がない人のための自己投資のコツとは

「忙しいときは『今すぐ15分！』」

勉強はしたいけれども、時間を取れない。

これは既にコンサルタントになっている人にも、独立前の人にも共通する悩みでしょう。

マジメな人は、朝1時間早く起きて勉強時間を確保しようとするかもしれませんが、これは意外にも落とし穴です。

なぜなら、いきなり睡眠時間を削るのは、よほど意志が強くなければ長続きしないからです。そして起きられなかったら、「自分にはやっぱり無理だ」と勉強そのものを投げ出しやすい。だから、大きく時間を取ろうとするのではなく、**細切れで時間を取るほうが続けやすくなります**。

時間管理でおススメしたいのが、**和仁メソッド25「今すぐ15分！集中法」**です。

和仁メソッド25「今すぐ15分！集中法」

これは「土日に時間を取ってやろう」と先延ばしするのではなく、15分間だけでいいから、今すぐ何かアクションを起こす方法です。忙しい人ほど、15分の細切れ時間を有効に使わないと、永遠に勉強時間を取れないと思います。

それに15分は集中できるちょうどいい時間でもあります。

集中力に関してはさまざまな実験が行われていますが、東京大学薬学部の池谷裕二教授が中学1年生を対象に行った実験によると、「15分×3（計45分）学習」グループは「60分学習」グループより、117・2%もテストのスコアがよくなったのだとか。これはこまめな休憩を入れると、集中力や記憶力に関係する脳の働きが回復しやすくなるからではないかとのことです。

僕は新幹線で移動しているときに、**スマホなどでタイマーを15分でセットして、資**

料の作成やメルマガの原稿を書いたりしています。そうすると、自動的にその時間内に終わらせようという意識になるので、集中して作業を進められるのです。

なかには、「勉強をしないといけないんだけれど、やる気が出ない」というときもあるでしょう。そういう場合も、今すぐ15分。

健康のために運動する決心をしてスポーツクラブに通って、毎日1時間体を動かすことにしたとします。最初はいいのですが段々行く回数が減り、週に1、2回となって、それすらも面倒になってやめてしまうのは、よくある話です。

それなら、自宅や通勤途中、会社などで、いつでもどこでもすぐに15分間体を動かすほうが長続きしそうです。

15分なら「それぐらいならやってみるか」と重い腰を上げられるので、初動のエネルギーを最小限に感じさせる効果があります。しかもエンジンさえかかれば気分が乗って、「もう15分続けよう」「あと15分やろう」と、結果的に1時間ぐらい続けられたりします。

それに、**たった15分間でも、勉強するのとしないのとではその後の情報の入り方がまったく違います**。

たとえば財務で投資回収について勉強したら、すべてのものを投資回収に結びつけて見るようになります。15分でアンテナの立ち方が変わってくるからです。

つねにアンテナの感度を高めておくためにも、細切れの勉強は有効です。


資格を取るための勉強をしようと考えている人もいるでしょう。

12月に試験があるとすると、「秋ぐらいから始めればいいか」と9月にスタートするのはよくあるパターンです。それだと4か月間しか時間がないので、かなり根を詰めて勉強しなくてはならなくなります。

かといって、1月から毎日みっちり勉強するのは厳しいですよね。僕も子供のころは、夏休みの宿題はギリギリになってから取り掛かっていました（笑）。

1月から勉強をスタートさせるなら、毎日「今すぐ15分！」で、少しずつ進めていけばいいでしょう。少しずつでも勉強すると脳のアンテナが立ち、自然と多くの情報を吸収できるようになります。

1月から毎日15分ずつでも、9月から濃密なスケジュールでこなすにしても、トータルの勉強時間は同じでも効果の出方はまったく違います。短期間で詰め込むより、**長期間情報に触れ続けているほうが、情報をインプットできる率が高くなる**でしょう。

それが生産性の高い勉強法です。

なかには、「その15分さえ取れない」という超多忙の人もいるかもしれません。

僕は毎月、**月の初めに1か月分のスケジュールを組んでしまいます**。

クライアントとの面談やセミナーなどはもちろんのこと、そのための準備の時間もスケジュール帳に書き込みます。クライアントに面談前にメールを送るのならそれも書き込み、面談のときの資料作成の時間も書き込みます。

そこまで細かく書き込むのは、作業を忘れていて、当日に慌てて取り掛かるという事態を防ぐため。アウトプットに向けての準備をしっかりしておくためです。

さらに、ランニングやプロレス観戦、ウクレレの練習といったプライベートのスケジュールも書き込むと、毎日朝9時から夜24時までのスケジュールが割とびっしりと埋まります。

ただ、その合間に空白の時間ができるので、そこで読書などのインプットする時間をとるのです。

そうやって**全体のスケジュールを組み立てると、「ここで15分取れそう」というのが見えてきます。そうしたら、その時間帯を勉強のための時間として確保してしまう**。

これで「時間が取れない」ということはなくなるはずです。

ちなみに、**僕は月の終わりに作業ごとの時間給を計算します**（233ページ参照）。

和仁メソッド25「今すぐ15分！ 集中法」

〈1か月のスケジュールを見開きで見える化する〉

［ 効果効能 ］

**月の初めに1か月のスケジュールを組んで、
空き時間をあらかじめ見定めることで、
15分集中する勉強時間が確保できる**

■「著者のオリジナル手帳は付せんがびっしり」

〈手帳は時間管理のために業者に特注している〉

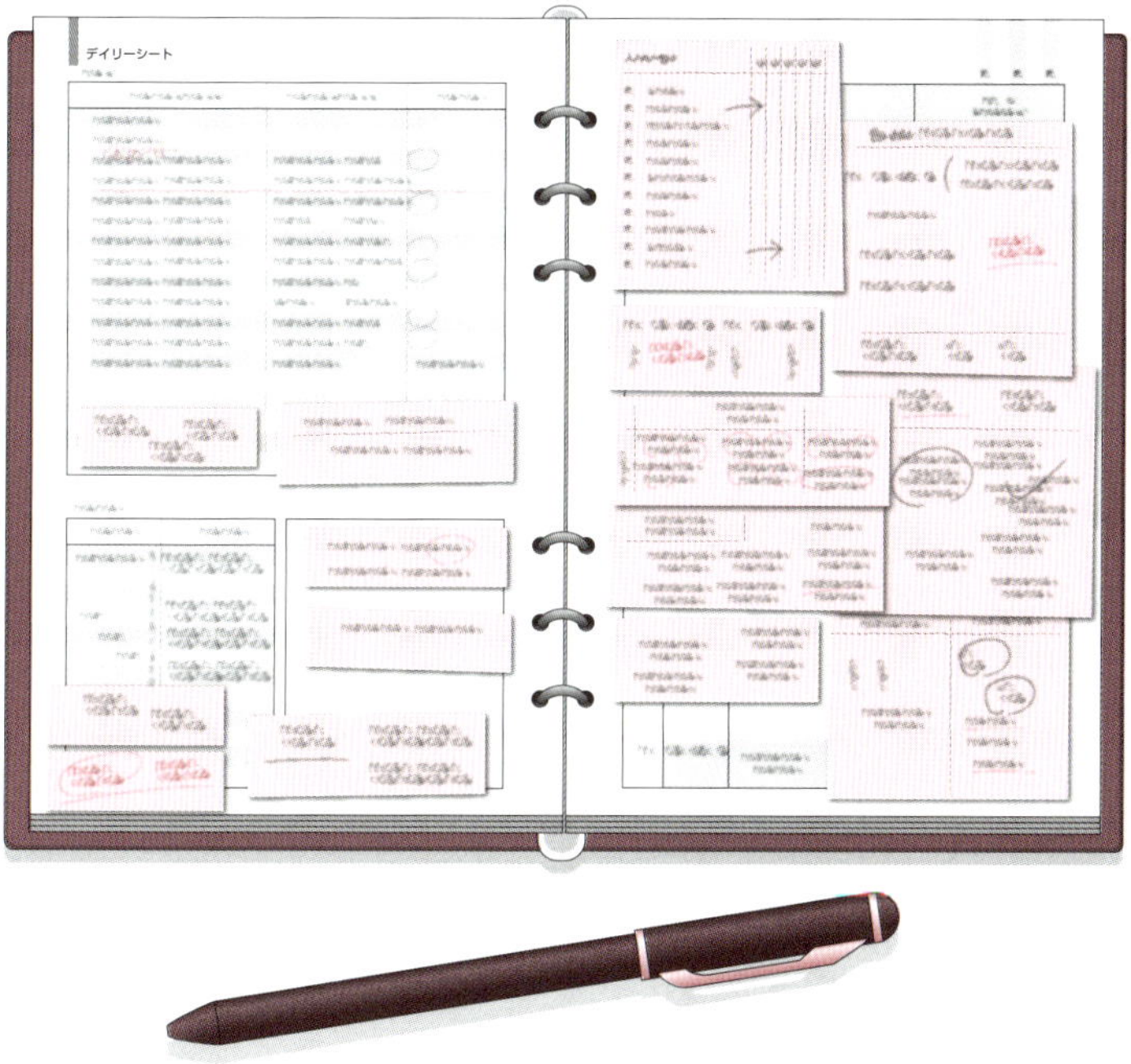

［ 効果効能 ］

仕事の予定が徹底的に「見える化」できるので、この手帳をもとに時間単価を算出して、ムダを排除することができる（233ページ参照）

A社のコンサルタントで合計○時間、B社は○時間とそれぞれにかかった時間を集計して、いただいている報酬をそれで割り算すると、時間単価を割り出せます。セミナーや講座も、セミナーに5時間、準備時間に2時間かかっているのだとしたら、合計7時間で参加費の合計金額を割るのです。

そうやって時間単価をエクセルの表に打ち込んでいくと、毎月と1年間の作業ごとの売上と時間単価の推移が見える化します。次ページに、僕が毎月更新している「時間単価表」のイメージを載せておきました。

時には、資料作成などの準備で思っていたよりも時間がかかった作業があれば、次からの時間の見積もりを見直すか、作業方法を見直すか、作業を人に任せるか、といった解決策を探ります。

僕はこの時間管理をするために、手帳を業者に注文してつくってもらっています。スマホで時間管理をする人もいるでしょうが、僕にとっては紙の手帳が生命線です。**紙の手帳のほうが一覧性にすぐれ、さっと記入もできて、使い勝手が良いからです。**これがなくては生きていけないぐらい、使い倒しています。

そうやって時間を管理すると、「時間がない」という事態はなくなります。時間は自分で生み出すものなのだと実感できるでしょう。

「著者オリジナルの時間単価表（イメージ）」

番号	社名		単価	累計	1月実績	2月実績
①	A社	<金　額>	[illegible]	[illegible]	[illegible]	[illegible]
		面　談	[illegible]	[illegible]	[illegible]	[illegible]
		準　備	[illegible]	[illegible]	[illegible]	[illegible]
		合　計	[illegible]	[illegible]	[illegible]	[illegible]
②	B社	<金　額>	[illegible]	[illegible]	[illegible]	[illegible]
		面　談	[illegible]	[illegible]	[illegible]	[illegible]
		準　備	[illegible]	[illegible]	[illegible]	[illegible]
		合　計	[illegible]	[illegible]	[illegible]	[illegible]
③	C社	<金　額>	[illegible]	[illegible]	[illegible]	[illegible]
		面　談	[illegible]	[illegible]	[illegible]	[illegible]
		準　備	[illegible]	[illegible]	[illegible]	[illegible]
		合　計	[illegible]	[illegible]	[illegible]	[illegible]
④	D社	<金　額>	[illegible]	[illegible]	[illegible]	[illegible]
		面　談	[illegible]	[illegible]	[illegible]	[illegible]
		準　備	[illegible]	[illegible]	[illegible]	[illegible]
		合　計	[illegible]	[illegible]	[illegible]	[illegible]
⑤	電話コンサル	<金　額>	[illegible]	[illegible]	[illegible]	[illegible]
		面　談	[illegible]	[illegible]	[illegible]	[illegible]
		準　備	[illegible]	[illegible]	[illegible]	[illegible]
		合　計	[illegible]	[illegible]	[illegible]	[illegible]
⑥	自社セミナー	<金　額>	[illegible]	[illegible]	[illegible]	[illegible]
		面　談	[illegible]	[illegible]	[illegible]	[illegible]
		準　備	[illegible]	[illegible]	[illegible]	[illegible]
		合　計	[illegible]	[illegible]	[illegible]	[illegible]
⑦	出張セミナー	<金　額>	[illegible]	[illegible]	[illegible]	[illegible]
		面　談	[illegible]	[illegible]	[illegible]	[illegible]

「効果効能」

「実地のコンサルティング」「電話コンサル」「自社セミナー」などのカテゴリーごとに時間単価を把握することで、業務効率が劇的に改善する

05

同業者と一緒に学ぶメリットとは

「話し上手より聞き上手になれ」

ビジネスの世界は戦場、荒れ狂う大海のようなものです。

波は高いし、見えない岩があるし、サメもウヨウヨ泳いでいる。そんな荒海に泳げないまま飛び込んだら、確実に溺れます。

泳げない人は荒海に飛び込む前に、まずは静かなプールで泳ぐ練習をするでしょう。

コンサルタントも、大海に出て泳ぎ始める前に練習をしておくのは基本です。

コンサルタントが一番磨いたほうがいいスキルは何だと思いますか？

「トーク力」だと考えているなら、あっという間に落とし穴にハマります。というの

も、コンサルタントは一方的に話すのが仕事ではないからです。

コンサルタントの仕事は「聞く」ことです。コンサルタントが話すときは、相手に許可を得てからしゃべるぐらいでちょうどいい、と胸に刻みましょう。こちらが話すのは、相手が話を聞く姿勢になってからです。

コンサルタントというと、「相手に認められるためにはマシンガントーク」というイメージがあるのか、一方的に話す人が少なからずいます。

しかし、この本でずっとお伝えしてきたように、僕が提唱しているパートナー型のコンサルタントの場合、相手のお困りごとを聞き出すのが本筋です。**8割は相手が話して、自分は2割話すぐらいで充分。**相手に話してもらってナンボです。

もし、**これから独立するのであれば、今勤めている会社で営業経験を積むこと**を、僕は強く強く勧めます。

営業経験があると、自分が話すより相手の話を聞くのが大事なのだと経験則でわかりますが、それがないとコミュニケーションの勘所がなかなかわからないものなのです。

経理畑や開発畑などでずっとやっていた人が営業経験のないまま独立したら、おそらくそこで苦労します。なので、独立する前に、もし許されるなら会社にお願いして営業部に異動させてもらい、最低でも1年、できることなら3年ぐらい経験させてもらうとコンサルタントとして長く成功できる下地になります。

それが難しいのであれば、**コーチングスキルを身につけておく**のをおススメします。それほど複雑なスキルまで学ばなくていいのですが、基本的なスキルはできるようになっておきたいところです。

僕の養成塾では、拙著『年間報酬3000万円超えが10年続くコンサルタントの対話術』（かんき出版）でも詳述した、ビジョナリーコーチング（4つの質問で理想に到達する手助けをするコーチング手法）を教えています。

相手の本音を引きだすための質問の仕方などを教えて、2人組になってロールプレイングしてみると、相手8：自分2という割合を知ったうえで質問を覚えても、いざやってみるとグダグダです。コンサルタント役の人は沈黙が怖くて一方的に話してしまったり、何を聞けばいいのかわからずに黙り込んでしまったり……。

「話を聞く」というのはそれほど簡単なスキルではなく、量稽古をこなすことで体得できるものなのです。

だから、セミナーで1、2回ロールプレイングの練習をしたぐらいで、実際のコンサルの現場でコーチングを使ってみるのは、泳げない人がいきなり荒海で泳ぐようなものだな、と感じました。

気難しいタイプのクライアントもいれば、激しい性格のクライアントも、無口でほとんど話さないクライアントもいます。そういった難易度の高いクライアントにいきなりお困りごとを聞き出そうとしたら、玉砕するのは目に見えています。

たとえば、プールで泳げても、波のある海で泳ぐのとは違います。さらにさまざまな状況に合わせたトレーニングが必要なのです。

そのために、**塾生同士で、参加者全員とビジョナリーコーチングをする**という宿題を与えています。塾生が30人いるとしたら、半年間、1か月当たり5人とコーチングできる計算になります。

自分がコーチ役で30分間、相手がコーチ役で30分間の計1時間のコーチングを、1か月に5回すると、かなりのトレーニングになります。

実際にやってみるとわかりますが、30分も話の聞き役に徹するのは相当ハードです。相手の話を聞きもらさないように全神経を集中し、どんな質問をすれば相手が心を開いて話してくれるのかも考えながら、言葉を選ぶ。また、声の抑揚や表情も重要です。

そういったトレーニングを積んで、ある程度自信がついて来たら、親しいクライアントで実践してみる。それから難易度の高いクライアントと、徐々にレベルを上げていけば当たって砕ける率は低くなります。

皆さんも、周りの親しい人に協力してもらって、コーチングのトレーニングをしてみてください。

友人や仕事仲間のお困りごとを聞き出すコーチングをしてみて、「なんか話をしていたら頭が整理されたよ、ありがとう」と言われるレベルになっておくと、独立してからもスムーズです。

質を高めるためにも量稽古は必要です。何度も繰り返しトレーニングをしているうちに自信がつき、本番でもうまくコミュニケーションを取れるようになります。

06

コンサルタントにもロールモデルは必要か

「憧れの人からの学び効果は想像をはるかに超える」

学ぶの語源は「まねる」だと言われています。

憧れの人を師として仰ぎ、背中を追いかけるのも、学びたいという欲求を持ち続ける原動力になるかもしれません。最短で実力をつけるなら、その人をマネするのが近道でもあります。

僕は、東京ディズニーランドの生みの親である故堀貞一郎先生が憧れの人です。堀先生はテレビ初期のころのプロデューサーであり、大阪万博でも人気パビリオンをプロデュースした方です。僕は独立直後から十数年にわたり堀先生とは毎月のようにお会いして、さまざまな教えを乞いました。『夢現力』という対談本やオーディオブックを出版したこともあります。

堀先生が「これはいいよ」と紹介されていた本はすべて読みましたし、堀先生が先輩であるプロデューサーから影響を受けたという話を聞いたら、その先輩の本も読みました。**そうやって堀先生の思考の根っこを知ろうとしていた**のです。

僕は堀先生のすべてをマネしたわけではないのですが、今でも心の師匠であることは変わりありません。今になって感じるのは、仕事がうまくいき始めたころに堀先生と出会ったのはラッキーだったと思います。

なぜなら、人は簡単に思い上がってしまうからです。

僕はクライアントからは「和仁先生」ではなく、「和仁さん」と呼ばれるような立ち位置でいようと心掛けてきました。それでも、クライアントから「和仁先生のお蔭で助かりました」と感謝されたり、セミナーで参加者さんから「和仁先生のやっていることはすごいですね」と持ち上げられたら、つい舞い上がってしまいます。

自信を持つのは大切なのですが、同時に謙虚な心を持っていないと、人はすぐに自分を見失ってしまいます。

そんなときにロールモデル（お手本となる人）がいると、自分を戒める力になりま

す。自分はまだまだ未熟だと思い知らされるので、天狗になりそうな気持ちをひっこめられるのです。

ロールモデルにしている人に弟子入りして、勉強させてもらうのも良いでしょう。相手の一挙手一投足から何かを吸収したいと真剣に考えているなら、自分のことも受け止めてくれる可能性があります。

そのうえ、「あの人のようになりたい」とまっすぐそこに向かうために勉強をするので、学ぶ原動力としては最強です。

なかには、50代や定年退職した60代からコンサルタントを始める方もいるでしょう。そういう方は、何年もかけて独学で勉強している時間はもったいないので、それこそロールモデルを見つけて、1年だけその人を徹底して追いかければ、コンサルタントとしての素地を固めることができると思います。

ロールモデルが見つかったら、その人のセミナーや講演会に足を運ぶとよいでしょう。

ここでもったいないのは、セミナーに参加だけして帰ってくること。

もし講師との交流タイムがあるなら、絶対に名刺を渡して会話をすべきです。セミナーや講演会はお金を払っているため、相手にとってはお客さんなので無下にはしないでしょう。

とはいえ、行列ができていたら延々と自分をアピールするのは周りの人に迷惑ですし、みんな自己紹介しているので覚えてもらえません。ダメ元で、「一度、お時間を取っていただけませんか」と頼んでも確実に断られます。

そこで、**和仁メソッド26「憧れの人への速攻アプローチ法」**の出番です。

> **和仁メソッド26「憧れの人への速攻アプローチ法」**
>
> 名刺交換をするときに、「勉強のために、1つ質問させてもらっていいですか」と聞いて、質問を投げかけるのです。

たとえば、そのセミナーでメソッドを紹介していたのなら、**「このメソッドに初心者が挑戦する初めの一歩として、まず何をするのがいいでしょうか」**と聞きます。

というのは、メソッドを聞いても実際には行動を起こさない人が圧倒的に多いのは、初めの一歩が大きすぎるからという理由があるからです。そこで、「まず何からやったらいいですか」と聞けば、どうやって初めの一歩を踏み出せばいいのかを話してくれるでしょう。

また、「今回の内容を明日から実践してみます。その際に、**「どのくらいの量とスピード感でやると成果が出やすいでしょうか」**というのも、いい質問だと思います。

もし、僕がビジョナリーコーチングのセミナーでこれを聞かれたら、「まず10人は一気にコーチングをしてみたほうがいいです。本当は勢いつけて10日でやったほうがいいんですけれど、それがキツイなら1か月以内でやってほしいですね」と答えます。「2、3人コーチングをしたところで立ち止まると、再開するまでにダラダラしてしまうかもしれません。一気に10人のコーチングをしたほうが一通りいろいろなタイプを経験できて、全体像がつかめるのです」とアドバイスするでしょう。

たいていのセミナーでは、どういうスピード感で、どれくらいの量をやるかまでは言わないので、そこは質問できるなら聞いておくと実践しやすくなります。

あるいは、「先生は何年前にこのメソッドを習得されたんですか」「このメソッドを始めたきっかけは何ですか」といった、講師自身のストーリーを聞いてもいいでしょう。

その講師が20代のころから実行しているメソッドだとわかったら、「じゃあ、僕は今すぐにでもやったほうがいいな」と刺激を受けるかもしれません。

このとき、講師との会話の趣旨は、**質問して講師に自分を覚えてもらうことではなく、至近距離で会話をすることで、その人が醸し出す雰囲気を吸収すること**です。「意外と温和な感じだな」とか、「受け答えにキレがあるな」などと、憧れの人の情報を皮膚から取り入れるような感じです。

憧れの人の話を遠くから聞くだけではなく、近くで人となりを感じるのも、意外と学びになります。**ほんの数分間、肌で感じるだけで、自分の中で小さな変化が起きる**こともあるのです。そんな時間を体感するために、ロールモデルを見つけてほしいと思います。

07

ロールモデルを真似た先にあるものとは

「マネから始めてもマネで終わるな」

ロールモデルを見つけてマネするところから始めても、マネに終始してしまうのは落とし穴です。

武道や芸事では「守破離」という有名な考え方がありますが、師匠の教えを忠実に守ったら、現場での実戦経験を重ねて、自分流のスタイルに進化させなければならないと言われています。コンサルタントも同じで、尊敬した人から学んでも、いつか自分流に進化させていかないとマネのままで終わってしまいます。

僕の場合、マーケティングはこの人、ビジネスモデルのつくり方はこの人、人生観はこの人、というように範囲限定でマネしていたので、それらを融合させて自分流のスタイルをつくりあげられたのかもしれません。完全にオリジナルなのではなく、何かと何かを結びつけて新しい方法論をつくる感じです。

ロールモデルはあくまでも特定の目的のための見本であって、全範囲的にコピーする存在ではないのだと肝に銘じましょう。

第3章で「あり方」が大事だというお話をしました。

なかには、「あり方って、どうつくりあげればいいの？」と戸惑う方もいるでしょう。あり方は自分の家庭環境や学校で受けた教育も影響しますし、まわりの知人の人間性も影響します。それ以上に、自分が何を血肉とするのかによって、しっかりと形づくられていくのです。

僕は20代後半から30代前半にかけて、思想や哲学、考え方に関する本を片っ端から読みました。

とりわけ、ナポレオン・ヒルの『思考は現実化する』（きこ書房）や神渡良平さんの『宇宙の響き　中村天風の世界』（致知出版社）、スティーブン・R・コヴィーの『7つの習慣』（キングベアー出版）、稲盛和夫さんの『実学』（日本経済新聞出版社）は何度も読み返しました。

なかには少々スピリチュアル系の感じの本もあり、なじまない方もいるかもしれませんが、社長でこういう世界観を好きな方は多いので、読んでおくと相手の考え方を理解する手助けになると思います。

僕は、**本に書かれていることを自分自身で実践することで「あり方」がつくられていく**のだと考えています。

たとえば、「会計がわからなければ、真の経営者にはなれない」と稲盛さんは語っていますが、僕も自分の会社の経営者であるので、会計の知識は身につけていますし、会社経営でも実践しています。だからお金のブロックパズルのような経営数字を、自分の言葉で語れるのだと思います。

そうやって偉大な人の思想や哲学を取り込みながら自分の軸を整えていくと、自然と自分のまわりには自分のあり方に共感する人が集まってくるようになるのです。

そもそも、「あり方が大事」と言っている僕のところに、「社員をこき使って利益を上げよう」と考えているような社長は依頼に来ません。

つまり、**「あり方」を整えたら自分に合ったお客さんが引き寄せられるようになる**ということです。さらに、パートナーやスタッフも自分の「あり方」に共感する人が集まってきます。「あり方」で好循環が生まれるのです。

ただし、本で学んだことをそのままクライアントに教えようとは思わないこと。

それをすると、知らず知らず落とし穴にハマっています。

クライアントが欲しいのは、ありがたいお言葉や著名人が実践しているノウハウではなく、自分のお困りごとを解決してくれるヒントです。

「稲盛和夫さんのアメーバ経営では〜」などと大上段に構えて語ったら、「偉そうに講釈を垂れている」と反感を買うかもしれません。先生型のコンサルタントならいいですが、パートナー型の場合は、いい結果を生むとは思えません。あくまでも自分軸を整えるための材料なのです。

そう考えると、コンサルティングに役立つノウハウを勉強する前に、「あり方」を整えるための教養を身につけるほうが、よほど大事なのだとわかるのではないでしょうか。

第6章

10年スパンで考える独立系コンサルタントのキャリア戦略

01

〈独立前〉「副業として実績を積んでから独立」は正解か

「成功したいなら退路を断て」

僕は十数年前に、生まれて初めてスカイダイビングをしました。

見ていると大空を飛ぶのは気持ちよさそうだし、背後からインストラクターがぴったりとくっついているので、楽勝だと軽く考えていました。

ところが、いざ飛行機から飛び降りる段になり、ドアが開くとものすごい風がぶわっと襲いかかってきて、立っているのがやっとです。眼下には豆粒のような建物や広々とした大地が広がり、「あそこに今から飛び降りるのか」と思ったら足がすくんでしまい、完全フリーズ状態になりました。

インストラクターに「さあ、行きましょう！」と促されてもなかなか一歩を踏み出せません。そのとき、「何でこんなことをしようと思ったんだろう」と死ぬほど後悔しました。

「もし、パラシュートが開かなかったら……？」と、自分が地面でカエルのようにぺしゃんこになっている光景ばかり浮かんできます。

しかし、参加者は僕だけではなく、後ろにはスタンバイしている人が何人もいます。ここで「1人だけ飛び降りられなかったら超カッコ悪いな」と腹をくくり、ギャーと奇声を発しながら飛び降りたのです。

実際には飛び降りてからは、あっという間でした。途中から景色を楽しむ余裕も生まれて、地面に降り立ったときには、「思いきって飛び降りてよかった！」と心底思いました。

そのときのツアーでは飛び降りられなかった2、3人がそのまま飛行機に乗って戻ってきました。彼らの表情は恥ずかしそうだったり、情けなさそうだったり。おそらく、飛び降りられなかった自分を責めていたのでしょう。

コンサルタントとして独立するのは、まさにこのスカイダイビングのようなもので

す。

僕が開いているコンサルタントの養成塾の塾生のなかには、「クライアントが見つからなかったらどうしよう」とか、「うまくできなかったらどうしよう」といった理由で、なかなかコンサルタントとしての一歩を踏み出せない人がいます。

そんなとき、僕はいつもこのスカイダイビングの話をします。

「せっかくコンサルタントをやるって決めたんだから、一歩踏み出す勇気さえあれば、何とでもなるよ。もうコンサルタントのやり方は教わったし、塾生同士で練習もした。あとはお客さんにコンサルティングをするだけだよね。養成塾で学んでいる最中の『圧』がかかっているときに挑戦しないと、塾が終わってからやろうと思っていたら、ますますやらなくなるよ。だったら、今始めたほうがいいんじゃない？」

そうやって励ますと、「今すぐに挑戦しよう」と思いきってジャンプする勇気が出るようです。

なかには、コンサルタントで独立することを望みながらも、会社を辞める決心がつかなくて、副業的にコンサルティングをしている方もいます。

副業から始めたほうがリスクを最小限にできると世の中的には言われています。確かにその通りなのですが、そこには意外な落とし穴があります。

「本業があるから」といった逃げ道があると、安全な反面、どうしてもコンサルタントの仕事への向き合い方が甘くなる傾向が出てきます。

クライアントが一向に増えなくても、**収入源が他にあると危機感が生まれませんし、コンサルティングがうまくできなくても「本業が忙しいから」などと理由をつけて、いつまで経っても上達しない**かもしれません。

それだと、せっかくの準備期間がまったく活かされないでしょう。

独立するために副業をしながら準備をしているのなら、それはそれで素晴らしいことです。しかし、「早く独立したい」と思いながら3年以上経っているのなら、最初の一歩を踏み出す前に飛行機は着陸してしまいます。

僕自身、逃げ道を断って背水の陣で独立したこともあり、できればそれぐらいの覚悟を持って臨んだほうがいいと思います。

逃げ道がなければ本気でクライアントを開拓しますし、続けていくために一生懸命勉強もします。自分を追い込んだことで、勢いが生まれて成長が早くなる。だから僕はここまでずっと走って来られました。

そして、**独立するなら早いに越したことはありません**。30歳で独立した人は70歳まで続けるなら40年分の実績を積めますし、40歳で独立したら30年間コンサルタントができます。

自分がどんな人生を送りたいのかを考えたとき、**コンサルタントとしてそれなりの高みを目指したいのなら時間が必要です**。実績を積んで仕事が軌道に乗るまでに3〜5年ぐらいかかるとしたら、定年後に始めたら70歳を目前にしてようやく安定することになります。

副業程度にのんびりやっていくのならそこまで考える必要はありませんが、本気でコンサルタントを目指すなら早くに独立したほうが、現役で走れる期間が長いのです。年間報酬3000万円を超えて稼げるようになりたいのなら、なおさら早めに決断することをおススメします。

それに、世の中の変化は早いので、今勉強していることは今しか使えません。それらをムダにしないためにも、今、一歩を踏み出すべきではないでしょうか。

そのうえ、**万が一コンサルタントに向いていなくて廃業するにしても、若いほうがやり直すことができる**。年齢が高くなるにつれ、会社員生活に戻れる率は低くなっていきます。

だから、**副業から始めるにしても「3年後には独立しよう」といったように、期限を決めておくこと**。期限を決めておかないと、ずるずると独立を先延ばしにしてしまいます。

勢いがないとボールは高く弾みません。独立するかしないかも、最後の決め手は勢いなのです。

とはいえ、家庭の事情で簡単には独立できない方もいるでしょう。まわりにいる人が「失敗したらどうするの？」「独立なんて、才能ある人じゃなきゃムリだよ」といった否定語で頭の中が構成されている人ばかりだと、いきなり独立は難しいというのもわかります。そういう方は、副業から始めてもいいと思います。

それに、本人が否定語に支配されていると、独立して数か月収入がないだけで不安に駆られて、「やっぱり自分にはムリだった」とすぐに諦めてしまいがちです。

なので、独立する前に自分の頭の中の肯定語と否定語の割合を、「肯定語が過半数」にしておく必要があります。

一方で、頭の中が肯定語で構成されている人なら、まわりにどんなに反対されても、「いいや、独立しちゃえ！」と押し切る強さがあります。そういうタイプは、放っておいても自分で切り開いていけるので、いきなり独立しても何とかなるものです。

キャリア戦略

02

〈独立前〉コンサルティングの「スタイル」と「型」を決める

「自分の限界値を常に知っておく」

独立前に考えておいたほうがいいのは、自分のコンサルティングの「スタイル」や「型」です。

僕の「スタイル」は社長の横に並ぶパートナー型コンサルティングです。そして、僕の「型」は独立前から、クライアント訪問は月1回で6時間ぐらい面談し、報酬はまずは、月に15万円、そしてやがて30万円と決めていました。

これを先に決めておかないと、クライアントから「ちょっと困ったことがあって」と相談を受けるごとに飛んで行かなくてはなりません。

もちろん、大きなトラブルがあったときは駆けつけたほうがいいのですが、クライアントだけで解決できるような問題も多々あります。そういう場合は、僕はメールや電話のやりとりだけで解決に導けるようにサポートします。

クライアントとは「近過ぎず遠過ぎず」の関係性を保つのが、ちょうどいい距離感です。

クライアントとコミュニケーションを取るために、毎回社長と飲みに行って親密になろうとするコンサルタントもいるかもしれません。

でも、それは危険な落とし穴にハマりかけています。親しくなりすぎると、「今月は売上が悪いから、報酬を安くしてくれ」と頼まれたり、理不尽な要求を聞くことになりがちです。

あらかじめ決めていた以外の業務を頼まれても断りきれず、会うたびに仕事の愚痴をこぼされるようでは、パートナーというより御用聞きのような存在になってしまいます。

御用聞きになったら、自分が本来やりたいコンサルティングができなくなるでしょう。

それを避けるためにおススメしたいのが、**和仁メソッド27「高めの報酬設定法」**です。

和仁メソッド27「高めの報酬設定法」

僕の感覚では、**報酬を月15万円以上設定すると、ある程度自立したクライアントだけが集まる**という印象です。自分でやれることは自分でやる、自分が苦手なところだけコンサルタントに頼るという感じで、依存型ではないので無理難題を言ってくるようなことはほとんどありません。

段階的に20万円、30万円と報酬を上げていくと面白い現象がおこります。それは、金額に反比例してどんどん負荷が減ること。料金が高くなると離れていくクライアントもいる一方で、新規のクライアントは違うタイプの人が集まるので、刺激を受けられます。

報酬5万円と15万円では、集まるクライアントが異なります。実際にやってみてわかったのは、**報酬が高いほうが自立型のクライアントが集まってくる**ということ。なので、最低でも月10万円ぐらいからスタートしたいところです。

元々コンサルタントは型が決まっていない仕事なので、自分で枠組みをつくっていくしかありません。とはいえ、最初は自分も力不足で、月1回の面談では不十分なら、「最初の1年間だけ、必要ならもう1回訪問させていただきます。それに関しては無料です」のように提案するのはいいと思います。相手にも喜ばれるでしょう。

しかし、それはあくまでも期間限定の話。

原則は、**面談の回数を増やして何とかしようという発想に甘えず、限られた時間で成果を出すよう**、知恵を出して努力しましょう。

お互いを甘やかさないためにも、月1回と決めたなら、それを守るのが長く信頼関係を築くことにつながるのです。


そして、次に大切なのはクライアントの数の上限です。

第1章で見込み客との出会い方を紹介しましたが、独立後に頑張って営業を回って、いきなり10社ぐらいの契約を取る人もいるかもしれません。


これは一歩間違えると手が回らなくて、クライアントとの信頼関係を損なうという落とし穴にハマる可能性があります。


僕は、最初の1年目はクライアントの数が多すぎると対応しきれなくなり、クライアントに対して成果を出せないかもしれないと感じていたので、4社に留めました。

4社なら毎月週に1社面談すればいいので、週の残りの4日間は面談の準備や自己投資、人脈づくりに充てられます。それで1年間やってみて、成果を出せたらクライアントの数を増やそうと決めました。

「3日に1回のペースで面談を回せる」と自信があるのなら、最初からクライアントが多くてもやっていけるかもしれません。しかし、一度でも「忙しくて今日のクライアントの面談の準備ができなかった」という事態になったら、クライアントの信頼をいっぺんに損ねてしまうのを忘れないように。

クライアントとの信頼関係は築き上げるまでには時間がかかりますが、なくすときは一瞬です。

僕の場合は、最初の1年間で4社のクライアントとしっかり関わっていたら、「和仁さん、まだ枠はありますか？」とクライアントに聞かれて、知人の会社を紹介してもらえました。そして、2年目には4社が8社になりました。

その翌年も順調に増えたのですが、クライアント数が12社になったところでキャパシティはいっぱいになりました。4年目にはセミナーも始めて、書籍も出版したいと考えていたので、休みを削って何とか仕事を回す状況になったのです。

そんなペースは長くはもたないと意を決したのが、報酬の値上げです。

結果的には、クライアントの数は減っても単価は上がっているので、年間の報酬も増えました。単価を上げるとさらにコンサルティングの質を向上しなければならないし、セミナーや教材の販売、連続講座などに並行して取り組むと、4社か5社が精いっぱいになる。そうやって、クライアントの数は少なくても年間報酬3000万円超えになる今のスタイルが確立されていきました。

ですので、最初から全力で突っ走るのではなく、**慣らし運転から徐々にスピードを上げていくのが長く続けられるコツです**。

100%や120%の力で頑張り続けていると、いつか倒れます。独立したら病気やケガは致命的です。会社員なら代わりに誰かが仕事をしてくれますが、独立したら代わりは誰もいません。長期入院になったら、クライアントに契約を切られる恐れもあります。

だから、クライアントの数は腹八分目が理想的。1つのクライアントに対して120%の力で対応しても、数を抑え気味にしたら仕事を回していけます。

報酬の価格をどのように設定すればいいのか迷うのなら、同業者の価格を参考にすると定めやすくなります。何事も相場を知るのは大事なので、どんなサービスがあり、それがどれぐらい世の中に求められているのかのリサーチはするべきでしょう。

通常、すでにある分野に参入しようとしたら、「同業者より経験や知識がなければ報酬を安く設定するしかない」と発想するのではないでしょうか。

だからこそ、同業者にはないもので自分にできることを考えて、**「これなら同業者より5万円高く設定できる」という商品メニューをつくれば、同業者との棲み分けができ、最初から報酬も高めにできます**。

見込み客から、「どうして同業者よりも報酬が高いのか」と聞かれたときに、自分のコンサルティングはどのような付加価値があるのかを説明できれば、相手も納得するでしょう。

最初の1年間で、「数を増やさないとやっていけない」という不安を払拭するためにも、報酬はある程度高めに設定するのが一番です。

もちろん、不当に高い報酬では、そもそも契約が取れず、何も始まりません。しかし、価値に見合った納得の報酬を得られていれば、心からクライアントの望みをかなえることに集中し、尽力できます。それこそ、コンサルタントの本分でしょう。

なお、コンサルタント未経験でも、最初から月額15万円の報酬で契約する方法については、拙著『年間報酬3000万円超えが10年続くコンサルタントの教科書』を参考にしていただければと思います。

03

〈1年目〉クライアントにとっての真のパートナーになるには

「計画は常に可視化せよ」

いざコンサルタントとして始動して、「クライアントのお困りごとを解決しよう!」と意気揚々と会社を訪問しはじめたとします。

おそらく、最初のうちはクライアントも、「うちはこんな悩みを抱えていて」「この間、こんなことがあって」と悩みを相談してくれて、それにうまく応えたら喜ばれるでしょう。しかし、半年も経たないうちに、「今月は特に相談したいことがないんです」と言われ、何も話すことがなくて気まずいコンサルの時間になる可能性もあります。

コンサルタントは、毎回クライアントから相談を持ちかけてくれるものだと思って

待っていたら、現実にはうまくいきません。

実は、お困りごとはクライアント自身も気づいてない場合が多いので、相手が相談してくれるのを待つのではなく、こちらから能動的に探しに行く必要があります。

そのためには相手が安心して身をまかせてくれるように、ナビゲートする。つまり、ある程度主導権を握る場面が出てきます。

そこで、クライアントとコンサル契約を結んだら、ぜひ、挑戦してほしいのが、**和仁メソッド28「クライアントのビジョナリープラン策定法」**です。

和仁メソッド28「クライアントのビジョナリープラン策定法」

ビジョナリープランは第3章でご紹介したように、**「ミッション」「セルフイメージ」「カンパニースピリッツ」「ビジョン」の4つの柱を決めるもの**。

クライアントと話し合いながら、クライアントが目指すこの4つの柱は何かを明確にする手助けをしていきます。そして、その柱が明確になると、自然にお困りごとが浮かび上がり、やるべきことが見えてきます。

そのうえで、これからの12か月で何をしていくのかのスケジュールを練ります。

たとえば、社長とは最初の3か月は決算書を見ながら数字の現状を共有する。それと並行して、ミッションやビジョンが社員と共有できそうかを検証する。4か月目ぐらいから幹部を巻き込んでミーティングを開いて、コミュニケーションを取る。それが終わったら9か月目から社員にビジョナリープランを発表して、社員1人ひとりと面談をする。翌年は社内にビジョナリープランを浸透し定着させる——という感じで、おおまかなスケジュールを決めるのです。

そうすれば、継続的なコンサルティングが可能になり、真のパートナーになる道が開けます。


こういったプランやスケジュールをざっくりとでも描けないのであれば、そもそも独立してはダメだと思います。なぜなら、そのクライアントのビジョンをどう実現していくのか、目標やイメージを持たないままコンサルティングをすることになるからです。

それだと行き当たりばったりにクライアントの目先の問題を解決していくだけで、根本的な問題は何も解決できません。コンサルティングをやったフリをしているのと大差ないでしょう。

なので、コンサルタントはできれば、**独立前から自分のビジョナリープランや年間**

和仁メソッド28「クライアントのビジョナリープラン策定法」

〈年間のコンサルティング・スケジュールのフォーマット例〉

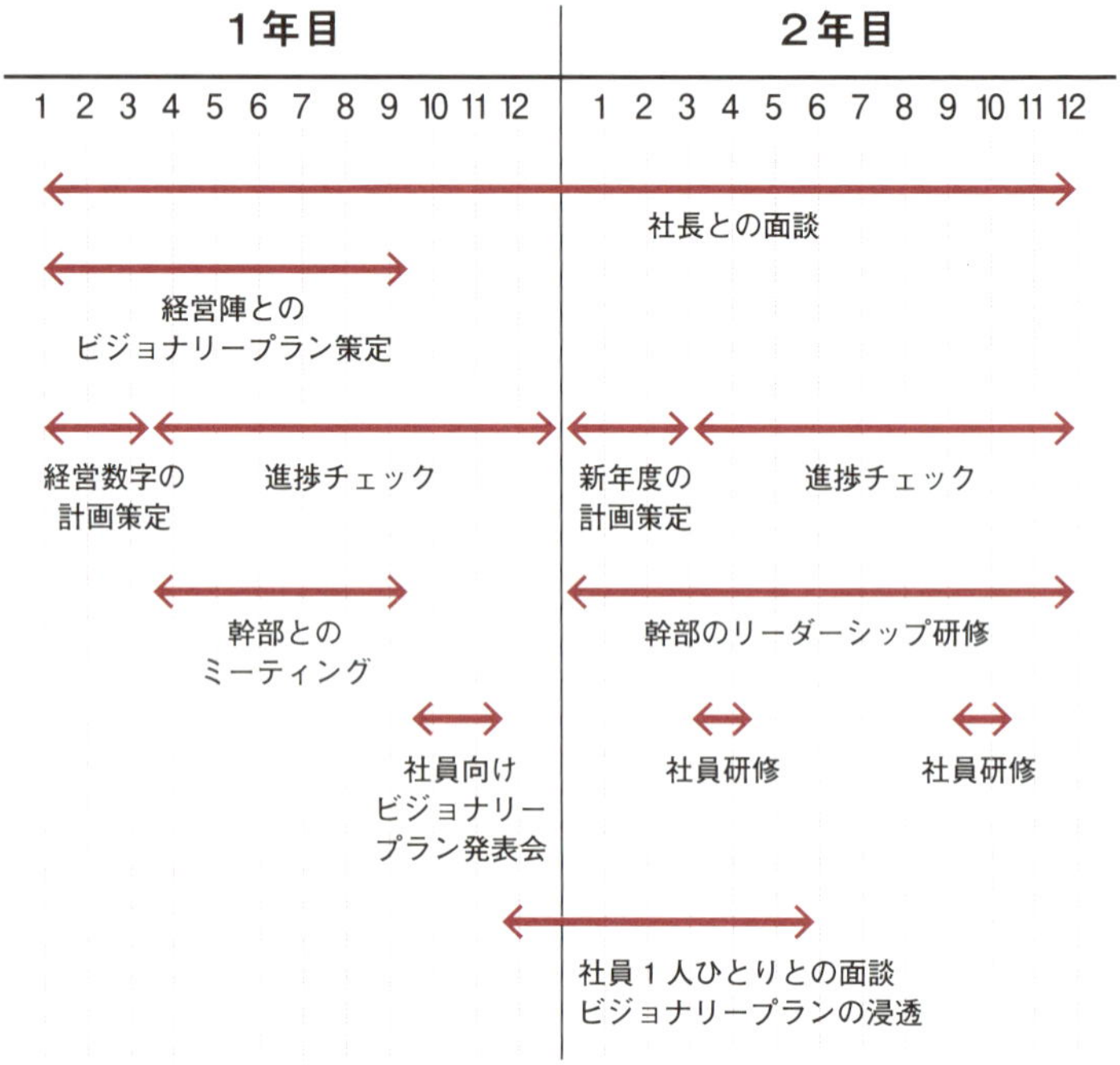

［効果効能］

コンサルタントと社長、幹部、社員が１つのゴールに向かって走ることにより、仲間意識や連帯感が生まれる

のコンサルティングスケジュールのフォーマットぐらいはつくっておくのがベストです。

第1章でお話ししたように、僕は独立したときに自分自身のビジョナリープランをつくって、営業するときに相手に見せていました（44ページ参照）。そのときの決めフレーズをちらりとご紹介しましょう。

\OK/

「こういうビジョンをちゃんと考えて1年、3年、10年を過ごすのと、毎年お正月に目標を持とうと思うだけで紙に書きもせず、忘れちゃって年を重ねるのとどっちがいいかを考えて、僕はこういうのをちゃんと積み上げていきたいと思ってつくったんです」

こんな感じで話しながら自分のビジョナリープランを見せると、「確かに、こういうのがあるといいよね」と相手も賛同してくれるのです。

さらに、1年後、3年後、10年後、それぞれの時間軸でこんな風になりたいというビジョンも考えました。

エクセルで表をつくり、横軸は時間軸で、縦軸は売上、商品、顧客、営業方法、エリアなどの項目を入れた表をつくり、「1年後には売上がこれぐらい、こんな商品をつくって、どんなクライアントと仕事をして、どんなエリアで展開したい」と、ざっくりしたビジョンを考えたのです。

その紙をカバンに入れて持ち歩き、ことあるごとに見返して、「自分が目指すのはここだ」と言い聞かせていました。そして、1年ごとにつくり直していました。

その独立当時から、「4年後にはセミナーを始めて、10年後には複数の本を出版して全国区でコンサルをやっていたい」と思い描いていました。ほぼその通りに実現しているので、アファメーション（自分自身に対して肯定的な宣言をすること）効果があると確信しています。

いつも自分に「こうなりたい」と言い聞かせなくても、ビジョンを書いた紙を見るだけでいいので、実に楽です。自分で地図を描いて、その通りになっていくのを体感するためにも、10年後までのプランをつくってみるのをおススメします。

そして、クライアントのビジョナリープランを一緒につくっていくなかで、お互いにビジョナリープランに向かって走る仲間という意識も芽生えて、連帯感も生まれる。**ビジョナリープランはクライアントとの関係を深めるツールでもあるのです。**

04

〈1～3年目〉壁にぶつかったと感じたら

「失敗は未来の自分をつくる宝物である」

今では僕も何冊も本を出して、「先に言えば説明、後で言えば言い訳」「1アクション3ゴール」といったオリジナルの和仁語録を紹介していますが、最初からできていたわけではありません。

むしろ、最初のころの失敗経験から、こういったメソッドは築かれていったのです。

僕が独立後にやらかした大失敗は過去の著書でも紹介しましたが、それ以外に、数えきれないほど失敗をしています。

失敗をそのままにしておくと、また同じ落とし穴にハマります。それを避けるために編み出したのが、**和仁メソッド29「失敗から学ぶダイアリー振り返り法」**です。

和仁メソッド29「失敗から学ぶダイアリー振り返り法」

失敗したときに、その日のうちに振り返って再発防止策まで考えておくと、次から同じ場面で失敗を繰り返さないで済みます。

そこでおススメしたいのが、ダイアリーの活用。ダイアリーと言ってもメモに近いのですが、手帳に日付と失敗した内容を書き、次はそれを再発しないためにどうするかの対策までを考えて記すのです。

たとえば、「社員向けの研修で先走った提案をして、社長から苦言を呈された。事前にその許可を得ておく必要があった。今後は、前置きトークを丁寧に行うことにする」という具合に、当時は年間に何十個も書いていました。

大事なのは失敗しないことではなく、それを学びに変えること。会社員だと、上司や会社がフォローしてくれますが、独立したら、すべて自分で考えて対処し、責任を取らなくてはならなくなります。

そこが独立系コンサルタントにとっての正念場。逃げずに立ち向かうことによって、失敗を成功の糧に変えられるのです。

当時はいざ独立したものの、僕は不安でした。コンサルティングを始めてからも、「1年ぐらいで自分ができることが終わっちゃったら、どうしよう。そこで契約も終わりになるかもしれない」と、心の隅で思っていました。

しかし、実際にはそうはなりませんでした。

たとえば、前述したように、**会社のビジョナリープランをまず社長と一緒に3か月ぐらいかけて練り上げるとします**。これだけでもかなり大変な作業です。会社としてどのようなビジョナリープランを掲げれば社員や顧客が共感してくれるのか、それを言語化するのは相当な難産になります。

そして、**ようやくできあがったビジョナリープランを幹部に見せると、そこでさまざまな反応が出ます**。いつも社長と一緒に会社を率いているので、一枚岩になっているのかと思いきや、そうでもない。

好意的な幹部もいれば、「これはうちの会社の方向性とそぐわない」と批判的な幹部もいますし、表面上だけ従っている面従腹背の幹部もいる。社長は汗だくになって幹部を説得しなければなりませんし、僕も一緒にどうすればいいのか知恵を絞ります。

同時に、幹部にも自分のセルフイメージを考えてもらうのですが、これもスムーズには進みません。まじめに考えてくれる幹部もいれば、「こんなことをする意味があるの？」と乗り気ではない幹部もいる。当時は僕も独立したてなので、言葉にはしなくても「若造のくせに、生意気だ」と思われている空気がひしひしと伝わって来て、心が折れそうになった場面も何度もあります。

そんなこんなで、半年ぐらいかかって幹部の人たちも納得するビジョナリープランができて、ようやく社員に発表する段階になります。

ところが、素直な社員もいれば、やんちゃな社員もいるし、社長に対して反発している社員もいるので、ここからも大変です。**ビジョナリープランを浸透させるために、クレドをつくって毎朝社員全員で読みあわせるようなことをしながら、1年ぐらいかけて浸透させていく**ことになるのです。

同時進行で、僕は社員1人ひとりと面談して、セルフイメージをつくってもらうこともあります。この作業も、すんなりとは進みません。

そのような試行錯誤を重ねながら独立して1、2年を過ぎたころ、自分のイメージ通りに仕事が進むわけではなく、**コンサルタントとしてやるべきことは際限なくあるのだ**と悟りました。

ビジョナリープランをつくったり、お金のブロックパズルで会社のお金に関するお困りごとを解決するのは、いわば根本治療です。これは体質改善に当たり、効果が出るまでに時間がかかるため、長期間腰を据えて取り組む必要があります。

同時に、クライアントにとってすぐに解決したいお困りごともあります。

たとえば、「社員とうまくコミュニケーションが取れない」と悩んでいる社長には、「どんな前置きトークをすれば、誤解なくこちらの意図がスタッフに伝わるか」のアドバイスとか、そもそも「どう会話するかの前に、どんな関係性を構築するか」といったコーチングを行います。これは対症療法に当たるでしょう。

つまり、**お困りごとを解消するには、根本治療と対症療法を組み合わせることが必要だ**と気づいたのです。自分ができることはなくならず、次から次へと出てきました。

そして、それらのお困りごとを解決したと思ったら、少しハードルが高くなった新たな課題が生まれます。それに対して僕がサポートする機会が生まれるので、お互いの成長スピードのせめぎあいになるのだと、段々わかってきました。

僕がクライアントの成長についていけなくなったら、契約は終了です。その逆に、僕が先を行きすぎても、やはりうまくいきません。

パートナー型のコンサルタントは併走するスピード感と距離感を保つのが大事なのだと、最初の3年間で実践してみてわかったのです。

05

〈1〜3年目〉軌道に乗ったときこそ運命の分かれ道

「毎日『何が一番大切か』を自問自答する」

「何事も最初が肝心」「石の上にも3年」という言葉があるように、物事を始めたばかりのころにどう過ごすのかはものすごく大事です。最初の3年間ですべてが決まると言っても、過言ではありません。

僕は、最初の3年間はセミナーはやらずに、コンサルタントだけに集中していました。というより、前述したように、その間はクライアントのお困りごとをどう解決するかで精いっぱい。ほかのことにはとても手が回らない状態でした。

ただ、今思えば、それがよかったんです。初めの3年間、コンサル現場での試行錯誤を重ね蓄積していった「タメ」が、その後で、尻上がりに飛躍する底力となったからです。

なので、最初の3年間は目の前の仕事に追われるのはやむをえません。それでもビジョナリープランさえしっかり描けていれば、自分が本当にやりたいことを見失わないでいられます。

1日に1回は自分にとって何が大切かを考える時間をつくるといいかもしれません。たとえ仕事でトラブルが起きて最悪な気分の日でも、ビジョナリープランを見ているうちに自分の目指すべき道を再確認し、「明日も頑張ろう」という気になると思います。

僕は独立したときからいつかセミナーを開きたいと考えていましたし、この章ではどのように仕事の幅を広げてきたのかも紹介しますが、決して「儲かるビジネスモデルありき」で他の事業をやり始めたのではない、という点は強調したいと思います。

僕はクライアントのビジョンをどう実現させるか、お困りごとをどう解決するかが起点になっていて、それをより多くの人たちに提供するためにセミナーを開いたり、DVDなどの教材をつくろうという順番で発想しています。セミナーや教材に注力し始めた理由は、どんなに頑張っても、自分がコンサルティングをするとなれば、毎月

キャリア戦略

訪問できるクライアント数は年間で12社が限界だとわかったからです。

僕の場合は長期契約がメインなので、クライアントはそれほど入れ替わりません。そう考えると、せっかく独立したのに、ビジョンを実現させられる社長の数は100人にも満たないまま終わるということもあり得ます。

それは見方を変えると、「影響力の範囲を最大化する」という僕のミッションの後半部分を実現できず、お困りごとを解決できずに悩んでいる圧倒的多数の社長に手を差し伸べられないまま終わることにもなるのです。

それを解決するには、普段自分が現場でしているコンサルティングを公開するか、自分と同じようなコンサルティングをする同志を増やすしかありません。それがDVDやCD、書籍やセミナー、養成塾という商品に結びつきました。

つまり、「ミッションありき」だということです。ミッションの意識がないと、ただ安直に「教材やセミナーで儲けよう」という思考になっていくかもしれません。それだと「名ばかりコンサルタント」になってしまう可能性大です。

僕は、**商品とは、ミッションにもとづいて提供したい価値を、対象ごとに最適な形にして届ける手段**だと考えています。


最近は、先にビジネスモデルを考えて、そこを目指すのが流行している感がありま

すが、そこには大きな落とし穴が待ち構えています。ビジョンやミッションといった理念がないアイデアは迷走したり、不祥事やトラブルの種になりがちです。

たとえば箱もの行政で、ホールをつくるのが目的なのか、必要性があるからホールをつくるのかは、まったく違います。ホールありきでつくると、多大な税金をつぎ込んだ割には使いづらく、ほとんど使われずに赤字が続く羽目になります。地域の住民の役に立つというビジョンがあれば、ムダなコストを抑えて機能的なホールをつくるでしょう。

目的をはき違えると、結果も変わってくるのです。

僕も含めて、世の中には「コンサルタントをやりながら、同時にセミナー講師もやる人」がいます。その姿を見ると勘違いする人がいるのですが、そもそもコンサルタントとセミナー講師は別の職業です。

というのも、コンサルタントは相手の話を聞いて気づかせる仕事で、セミナー講師は話して教える仕事です。似て非なるものなので、自分の適性や性格を考慮して選択すべきです。

セミナー講師のほうが向いているなら、そちらにシフトするのはまったく問題ありません。セミナーや教材には手を出さず、生涯コンサルタント一本でやっていきたい方もいるでしょう。それはそれで素敵なことだと思います。

たまたま、両方をやる人もいるということです。

最初の3年間は、目の前の仕事に全力で取り組みつつ、4年目以降に自分はどうしたいのかを考えると良いでしょう。

06

〈4〜6年目〉アウトプットとインプットのバランスをとる

「手放すことで手に入るものがある」

僕が外部に情報発信を始めたのは独立して4年目からです。

4年目にセミナーを初めて開きました。最初は社長向けの「脱★ドンブリ経営」セミナーです。3年間、コンサルタントの現場で社長のお困りごとを解決するサポートをしてきたので、どのようなテーマでセミナーを開けば社長に喜ばれるか、見当はついていました。

この最初のセミナーは普通のセミナーではなく、ビデオ教材をつくるために（当時はまだDVDは普及していませんでした）、クライアントの社長や社員の人たちに参加してもらい、セミナーの様子を撮影したのです。

さらに、最初のセミナーを開いてから4か月後に、「ビジョナリープラン策定法」のセミナーを開き、それから4か月後に「ビジョナリーコーチング」のセミナーを開きました。

そのときから今までずっと、僕が会場を借りて自社主催でセミナーを開く目的の1つは、新しい教材をつくることでした。つまり、参加者に価値ある情報を届ける「情報提供型セミナー」であり、同時に「新教材づくり」でもあったわけです。

同じセミナーを繰り返しやっていると焼き直し感が出て、次に進めない感じがしました。それなら参加者に会場まで足を運んでもらうより、自宅で繰り返し見られるビデオ教材のほうが役に立つだろう、と考えたのです。


ただし、これは僕なりのやり方なので、見込み客を開拓したいのなら、第1章でお話ししたように「顧客獲得型セミナー」（67ページ参照）をつくり、繰り返し継続して開催するのは効果的な方法だと思います。

要は、自分の目的をどこに置くかということです。クライアントにつながる見込み客を集客したいのか、セミナーで利益を得たいのか。**僕は、「コンサルタントは形がな**

いサービスなので、蓄積するものが欲しいという思いがありました。経験を重ねれば重ねるほど、和仁メソッドが目に見える形で蓄積していく状態にしたい。その和仁メソッドを多くの人に役立ててもらえれば、なおうれしい。そのための教材化なのです。

この方法は、僕にはうまくハマっていて、それ以降も毎年1本ペースでDVD教材を作成しています。

そうやって自分の中にあるコンテンツを動画教材にして手放すと、自分の中に空白が生まれます。**その空白を埋めるために、コンサルの現場でまた新たな和仁メソッドをつくりあげる。そのメソッドが出来上がったら、また動画教材にして手放す。**このサイクルによって、常に自分を進化させ続けることができるようになったと感じています。

つまり、僕にとって教材づくりは自分を進化させる成長装置でもあるのです。

そして、**4年目にはメルマガもスタートさせました。**それまでは紙でクライアントに送っていたワニレポを、メルマガで配信しはじめたのです。

最初のころの購読者数は数十人とわずかで、縁のある人に了解をもらってからメルマガを送っていました。さらに、当時は経営者向けのメルマガが結構あったので、そ

■「著者が独立4年目に販売していた商品・サービスメニュー」

①	**■個別コンサルティング** 月 1 回訪問で月額 20 万円
②	**■出張セミナー** **1 回（2 ～ 3 時間の実施）当たり 20 万円** →①にあわせた時間単価の目標値を持つように心がけた
③	**■自社開催のセミナー** **1 回（2 ～ 4 時間の実施）で参加費 5000 ～ 3 万円の設定** →テーマは、以下の 3 つ ① 脱★ドンブリ経営セミナー ② ビジョナリープラン策定法セミナー ③ ビジョナリーコーチングセミナー
④	**■ビデオ教材の開発・販売** →単価 1 万～ 3 万円の商品を 3 本開発。基本的にホームページ上で販売

［ 効果効能 ］

自分のノウハウを商品化することで、出会う機会がない人にも伝えるチャンスが広がる。そのことを通じて、社会貢献ができ、利益を手にすることもできる

こに6万円ぐらいの出稿料を払って教材の広告を出させてもらっていました。「脱★ドンブリ経営」のDVDの告知をすると、1万円前後の教材が10本から15本ぐらい売れたのです。出稿料を払っても利益が出る上に、購入者のメールアドレスが手に入るという、かなり有益な手段でした。

それに加えて、外部に招かれて行った出張セミナーでは、前述のようにアンケートを取らせてもらうので、そこにメールアドレスを入手できる工夫をしておくと、一度でかなりの登録者を確保できます。そうやってコツコツ購読者を増やして、今では1万人ぐらいになりました。

5年目に入るとさらに情報発信の幅を広げます。

まず、書籍を出版しました。初めての出版は『キャッシュフロー経営って?―ドクターをお金の悩みから解放する』(デンタルダイヤモンド社)。この本は4000円と高額ながら日本全国の歯科医院の10軒に1軒の割合で読まれ、ロングセラーになりました。

実は、それに先駆けて『せっかくやるなら楽しくやろう!』という小冊子を自費でつくりました。これはワニレポをもとにまとめた本です。

「自分はこんな考えでコンサルタントをやっています」と相手に手渡せば、それだけで営業しているのと同じなので、最初は集客のために自費でつくるのもアリだと思います。僕の場合は、この小冊子を読んだ知人がデンタルダイヤモンド社を紹介してくれたので、出版デビューを果たせました。

そして、**本を出せるようになれば、一気に信用力が増します**。

ある人が「個人が本を出すのは、企業が上場するのと同じだ」と言っていましたが、確かに、世間的に認知されるきっかけになります。講演会の依頼や雑誌などの取材を受けることもあり、それを見た人が、別の案件で声をかけてくれたりします。いろいろな方からジョイントを持ちかけられ、活動の範囲がグンと広くなりました。

ついでに、家族に対しても誇らしい。家族で旅行に行ったとき、空港の書店で自分の本を見つけて、「パパの本、ここにも置いてあるんだよ！」と思わず自慢してしまいました（笑）。

また、**5年目は会社の公式ホームページをつくりました**。それまでは自分の存在を知ってもらうためのごくごく簡単なホームページでしたが、教材を販売するにあたってリニューアルしたのです。

このように、4年目から情報発信のチャネル（経路）を徐々に増やしていきました。

そうするとセミナーや講演の依頼が相次ぎ、ますます仕事の幅が増えていったのです。

最後に、情報発信のチャネルを増やしていく上での落とし穴について、お伝えしておきましょう。

それはアウトプットをしたら新たなインプットを増やさないと、自分のコンテンツはあっという間に陳腐化するという点です。何年も同じ内容のセミナーを開いていると、形だけではアウトプットしていますが、インプットは止まってしまいます。それだと、アウトプットしている内容を更新できないので、時代遅れになるのです。

ですので、**アウトプットを始めたらその倍以上のインプットをしないと追いつかなくなります**。情報発信はインプットとセットで行わないと、あっという間にネタが枯渇してしまうのだという点は忘れないようにしましょう。

07

〈4～6年目〉経営者に当たり負けしないために

「利他の心があれば、必ず道はひらける」

実はこれまで公表したことはないのですが、**僕はコンサルタントを始めてから4、5年目までは、ずっとビクビクしていました。**

なぜなら、自分に自信がなかったから。

クライアントの社長の皆さんは僕よりもずっと年上で、経験も知識も豊富。いつも「お困りごとのハードルが高すぎて対応できなかったらどうしよう」といった不安でいっぱいでした。

ちょうどそのころ参加したあるセミナーで、「板割り」というワークがありました。

空手で何枚も積み重ねた瓦《かわら》を一発で叩き割るように、厚さ3センチの板を素手で割るというワークです。

その板に自分が乗り越えたいことを書き込むのですが、僕は「威風堂々」と、当時一番手に入れたいことを書いて、見事に叩き割りました。それぐらい、当時の僕は自信がなく不安だったのです。

武道では相手と対峙したときにほとんどの勝負が決まります。自信がなくてビクビクして相手に飲まれたら、どんなに力を持っていても負けます。

ですので、もし皆さんが緊張に負けそうになったら、「自分はクライアントの役に立ちたくて、ここにいるんじゃないのか」と自分のミッションを思い出してください。**自分ではなく、クライアントに全意識を集中したら、話し下手とか仕事が遅いといった不安の種が吹き飛んで、今の自分で何とかしようと腹をくくれます。**

人は、自分を守ることにフォーカスしていると弱いのですが、他者の力になることにフォーカスしていると強いものだからです。

さて、最初の3、4年は綱渡りのような日々が続いたのですが、徐々に状況に変化が現れ始めました。

コンサルタントを始めた当初、クライアントたちは社長と社員の関係性がよくなかったり、会社の将来性に不安を持っていたり、ざわざわした思いを抱えていました。そんななかで、ビジョナリープランに沿ってそういったお困りごとを何とか解決していくと、社長たちはさらに上を目指そうという意識になっていきます。そして、**4年目ぐらいから、お困りごとの質が変わっていきました**。

業績をただよくするだけではなく、社員が幸せに働ける風土をつくりたい、一緒に走っていけるリーダーを社内に多く育てたい、といった新たな課題が生まれました。

このとき、僕は社員を雇っているわけではないので、「社員の育成」は自分の経験の範囲外です。

もし、僕が上から教える「先生型」のコンサルタントを選んでいたら、完全に行き詰まっていたでしょう。経験がなくてももっともらしいアドバイスをしなければならないので、見当はずれのことばかりを言ってクライアントに不信感を抱かれていたと思います。

僕はパートナー型のコンサルタントなので、「着眼点を投げかけながら、一緒に解決策を考える」というスタンスです。自分に経験がなくても、答えを持っていなくても、クライアントと一緒に最善策を導きだしていきました。

着眼点については『年間報酬3000万円超えが10年続く　コンサルタントの教科書』で詳細を説明していますが、クライアントが課題の解決策を考えているときに、いろいろな切り口から質問を投げかけて、自分で答えを導き出すお手伝いをするということです。

これは「人間関係の着眼点」「仕事のやり方の着眼点」「お金の着眼点」といった切り口のキーワードを持っておけば誰でも質問を投げかけられるようになります。着眼点を投げかけられるようになれば、クライアントの課題のハードルがどんなに高くなってもついていけるようになるのです。

僕は、この時期に**「お困りごと起点でやっていたら、自分に経験が足りなくても、業界の専門知識がなくても、やっていけるものなんだな」**と確信を得られました。

同時に、僕は4年目からセミナーや教材などでアウトプットをし始めたので、そこでお客さんからもらうフィードバックが役に立ちました。

セミナーでアンケートを書いてもらうと、大半は好意的なコメントなのですが、「あのノウハウの説明がわかりづらかった」「何に役立つのかわからなかった」といった批判的なコメントもチラホラありました。

なかには、「たいした経験もないのに、わかったような口きいてるけど、実際の経営はそんなものじゃないんだ」といった、痛烈な批判もありました。

さらに、クライアントから直接不満を言われることもあります。

そこで心折れる人もいるかもしれませんね。

僕も正直、ヘコみました。しかし、好きなプロレスの入場テーマ曲を聴いて気持ちを切り替えて、「じゃあ、どうすればいいか？」とスイッチを入れました。

問題点を解決したいというエネルギーを糧にして、本やセミナーで学んだり、コンサルティングの現場で試行錯誤することで、何とか改善できました。

そして改善できると「自分もやればできる」と自信がつく。そうやって、当たり負けしない自分が徐々に育っていきました。

このことから、とにかく人目に触れる機会を増やしてフィードバックを受ければ、自信が培われていくのだと考えられます。

自分がやっていることがどこまで通用するのかは、外側からの視点がないとなかなかわかりません。いい部分も悪い部分も知るために、アウトプットの場を活用するのは一番効率的だと思います。

08

〈7～10年目〉10年でやっとスタートライン

「コンサルタントは、現場なしでは生きていけない」

独立して何年経ったら、ベテランと言えるのでしょうか。

僕は独立して20年経った今でも、自分がベテランだとは思えません。

それはコンサルティング以外に教材や本をつくったり、セミナーを開いたり、日本キャッシュフローコーチ協会を立ち上げたり、次々に新たなハードルを飛び越えているからでしょう。新たなことにチャレンジすると、その分野では初心者なので、ベテランだという感覚にならないのだと思います。

僕のように新たな分野にチャレンジするのではなく、ずっとコンサルタント一本でやっていく人もいるでしょう。

そういう人にありがちな落とし穴が、10年ぐらい続けたら自分はもうベテランだと思って、気が緩んでしまうこと。

1つの山を登り切ったつもりで、クライアントに対しても「自分はベテランなんだから、ついてこいよ」と上から目線になる人、いるのではないでしょうか。その瞬間から、コンサルタントとしての劣化が始まっています。

コンサルタント一本でやり続ける人でも、常に初心を忘れずにいることはできます。それには、**やはり新しいチャレンジをし続けること。**

自分がコンサルティングをしている専門分野を深く深く掘り下げていくこともできれば、専門分野から派生する業務を手掛ける方法もあります。あるいは、今までにない業種や規模のクライアントと契約を結ぶこともチャレンジになります。

「一芸10年」という言葉があるように、**何事も一通りのことができるようになるまでに10年はかかるでしょう。**僕の場合、10年でようやく自分のコンサルティングが体系化でき、それを世に広めるためのスタートラインに立てた気がしました。

独立して7年目が過ぎたころ、大きなチャレンジを始めました。

コンサルタント向けの養成講座を開くことにしたのです。

きっかけは、僕の『超★ドンブリ経営のすすめ』（ダイヤモンド社）を読んだコンサルタントの方から、「会計や財務といった難しい数字をわかりやすく伝えられる方法を教えてほしい」という要望をいただいたからです。社長を対象にしたセミナーは開いていましたが、同業者に向けての講座は想定外でした。

そこで始めたのがマンツーマン6か月間のビジョナリーパートナー養成講座です。ビジョナリーパートナーとしてのあり方やお金のブロックパズルの概念を6か月にわたって伝授し、卒業生にはその受け皿会社を別につくって、クライアントとマッチングさせるところまでの活動を5年ぐらいやっていました。

この当時の、「1対1」できめ細かくコンサル・メソッドを伝授してきた経験が、後に、「1対多」というスタイルで、合宿や養成塾などで一度にたくさんの人に伝えることにつながりました。また、この頃から歯科医院向けの年間プログラムなど、セミナーのメニューがどんどん増えていきました。

しかし、その一方で、**僕はコンサルタントの仕事もやめずに、そのまま続けました。**お声がかかる限り、そして体が動く限り、コンサルタントとして現役であり続けたいと今でも考えています。

楽して稼ぐことだけを考えたら、スタッフを雇って僕のコンサルティングの手法をすべて教えて、スタッフにコンサルの現場を任せるほうが、自分で全国を飛び回るよりはるかに楽かもしれません。その方法を選んでも、コンサルタント会社として一定の成果を出していれば、誰も不満を持たないでしょう。

けれども、僕の美意識から考えると、それはカッコ悪い。現役のコンサルタントではない人が、これからコンサルタントを目指す人、既になっている人に向かって「僕はこうやっていました」と過去形で語るのは、終わった人のようでカッコ悪く思えるのです。

それに、**現場を離れて1年も経ったら世の中の状況は大きく変わってしまい、自分のそれまでの経験やノウハウが役に立たなくなる**恐れもあります。つまり、現場を離れたらセミナー講師としての価値もなくなってしまうということです。

そして、僕がコンサルタントの養成塾を開けるのも、僕自身の現在進行形の経験を「原液」として、多くの人に分け与えることができるからです。

その原液を受け取った人は、人事、マーケティングなど、ジャンルは何でもいいので原液に自由に味付けして、自分なりのコンサルティングをつくり上げられるのです。

だから、**僕は「原液=現役」であり続けようと、このころ固く誓いました。**

09

〈10年目以降〉あえてもう1つの軸をつくる

「社会貢献したいという使命感が、自分の可能性を広げる」

ここまで読んできて、多くの方は「これだけやれば充分」と思われたかもしれません。コンサルティングをしてセミナーをして、教材を販売して書籍を出版して、メルマガも発信し、収入も安定したということで、十二分な活動を行ってきたと言えます。ここでビジネスモデルを完結させて、ここから先はずっとこのビジネスモデルで運営していくこともできます。しかし、前述したように、**「これでいい」と思ったらそこで成長は止まるのです。**

そこで、僕は新たな目標を立てて挑戦することにしました。

それは、「キャッシュフローコーチという新たな職業をつくる」という目標です。

税理士や社労士などのように、1つの専門職をつくりたいと思ったのです。

コンサルタントに対してマンツーマンで教えているうちに、ノウハウを自分の現場に持ち帰ったコンサルタントがそれぞれ活躍してくれるのはうれしいけれど、それだと点にすぎないと感じるようになりました。

コンサルタントは1人でやっていける身軽な職業ではありますが、すべての決断を自分でしなければならないので、孤独な面もあります。

「本当にこれでいいのか?」と迷っても、誰にも相談できないときもある。だから、点を一度にたくさん集めてコミュニティをつくったら、点と点がつながれて線になるのではないか。つまり、情報交換ができて、心強い仲間が増えるのではないかと思ったのです。

そして、それが1つの職業となって、なりたい職業ランキングベストテンに入るくらいになったらワクワクするなと想像したら、いてもたってもいられなくなり、どう実現させればいいのかを真剣に考え始めました。

無謀な挑戦に聞こえるかもしれませんが、税理士も社労士も過去に誰かがつくった職業なのです。ということは、やり方は存在する。あとは自分ができるかできないかという問題があるだけで、可能性はゼロじゃないなと楽観的に考えました。

それからキャッシュフローコーチの定義や養成方法などを考え、その仕組みを整えて**日本キャッシュフローコーチ協会を立ち上げました。独立して15年目のことです。**

キャッシュフローコーチは、ビジョナリープランのつくり方とキャッシュフロー計画表のつくり方を学び、経営数字を使って、社外CFO（財務幹部）として、社長の本業の発展に貢献するコーチです。全6回の養成塾を修了した人が協会に入会でき、キャッシュフローコーチとして活躍できるということになっています。

キャッシュフローコーチが大勢誕生したら、多くの企業の社長や社員のビジョンを次々に実現できるようになっていくはずです。そうすれば、日本全体がさらに元気になるでしょう。

協会の運営を始めてからはそんな想いが湧いてきて、「キャッシュフローコーチを職業ではなく、1つの生き方にしたい」という、さらなるビジョンも生まれました。

2019年で設立5年目になり、まだまだひよっこの協会ですが、既に500人を超えるキャッシュフローコーチが誕生しています。いずれ、「税理士になるか、キャッシュフローコーチになるか」と悩むぐらい、メジャーな職業になることを想像しています。

独立して10年が過ぎてスタートラインに立てたら、自分のことだけではなく、世の中にどう貢献できるかを考えると、新たなステージにいけるのではないでしょうか。

最近はあちこちでコミュニティが盛況になっています。

さまざまな職業、年齢の人が集まって議論を交わしたり、アイデアを出し合うのは刺激的でいいと思うのですが、不労所得で儲かるからという理由で運営しようと考えている人もいるようです。


おそらく、そういうコミュニティは人がついていかないので長続きしないでしょう。


日本キャッシュフローコーチ協会は、研修会や各種プロジェクトが活発に動きつつ、日頃はフェイスブックグループ上で交流するコミュニティです。

現在、僕はこの活動にめちゃくちゃエネルギーを使っています。仲間を増やしたい、自分と同じような想いを持つ人を育てたいという気持ちが原動力になり、次々とアイデアが湧いてきます。ビジョン合宿やキャッシュフローコーチのチャンピオンを決めるMVPコンテストも開催し、みんなで学び合い、高め合う場をつくっています。

僕は何もせずに権利収入や家賃収入などの不労所得で潤う人生ではありませんが、毎日が楽しくてたまらないぐらい充実しています。独立して30年目には、また新たな冒険を始めるかもしれません。

10

コンサルタントは報酬額によって「あり方」が変わるのか

「一流は、報酬以外にも求めるものがある」

皆さんはコンサルタントとして、いくらぐらいの収入を得たいですか？

僕はコンサルタントの仕事は単にお金を稼ぐための手段ではないと考えています。しかし、自分がどのようなコンサルタントを目指すかを考えるとき、やはり収入は大事な指針になります。

コンサルタントとしての自分のビジョナリープランを実現するにはどのステージを目指せばいいのか、おおまかな見当をつけてみましょう。

目安として、①年間報酬1000万円未満、②年間報酬1000万円以上

3000万円まで、③年間報酬3000万円超え、の3つのステージです。

①年間報酬1000万円未満

年間報酬が合計1000万円に近いなら、独立して成功したと考える人も多いのではないでしょうか。

月額報酬10万円で8社ぐらいのクライアントを持てれば、1000万円ぐらいはいけると思います。しかし、実際は事務所の家賃や光熱費、交通費や通信費、広告費などの費用に加え、社会保険料や税金を差し引くと、純利益はかなり少なくなります。

それでも「自分の住んでいる地域に貢献をしたい」といったビジョンがあってコンサルタントをしているなら、報酬にこだわる必要はないのかもしれません。

たとえば、週4日間だけ仕事をして、残りの3日間は自由に過ごせるのなら1000万円は理想的だと思う方もいるでしょう。サラリーマンは自分で働き方も報酬も決められませんが、**独立すると自分の生き方に合わせて働き方を決め、報酬も定められる自由度があります**。

ただし、寝る間を惜しんで働いても1000万円を超えないのなら要注意です。

安い報酬で相当な件数を抱えていたら、いずれ疲弊して事業が立ちいかなくなる恐

れがあります。何のためにコンサルタントになったのか、という話になります。**月額報酬は最低でも10万円からスタートして、15万円にまで引き上げられると、**クライアント数は10社未満でも余裕を持って働けるようになるでしょう。

②年間報酬1000万円以上3000万円まで

このステージを目指すには、コンサルタントとして**それぞれのクライアントからの報酬を月額30万円ぐらいもらえるようになる**のが1つ。もう1つは、今まで話してきたように、**セミナーや教材、書籍などの複数の収入源をつくる**という方法があります。

月額報酬30万円でいけるのなら、コンサルタント一本に絞っても構わないと思います。ただ、現実的にはそれだけの報酬を払ってくれるクライアントは、そう多くはありません。それを考えると、後者のように別の収入源をつくる方法も取り入れると実現に近づきます。

とはいえ、コンサルティングの業務と並行してセミナーを行ったり、教材や書籍をつくる活動をするのは、相当な激務になります。だから一緒にやってくれる仲間を増やして、任せられる業務は任せていかないと、自分がパンクしてしまいます。このステージからは仲間探しも重要になるのです。

僕は、独立して間もないころから事務的なことを任せるアシスタントを1人雇い、週2日来てもらっています。

独立したばかりで収入がそれほどない頃は人を雇う余裕がないかもしれませんが、**金銭的に余裕が出てきたら、すぐにでもアシスタントを雇うのをおススメします**。僕の場合は教材の発送作業やアンケートの集計作業、経理業務などをお願いしています。

自分が本業に集中するためにも、自分がしなくてもいい作業はどんどん任せる体制を整えておくと、負担が減ります。要は「時間をお金で買う」という感覚です。

年間報酬1000万円を超えたらアシスタントを雇わないと、それ以上のステージを目指すのは難しいでしょう。雇う場合は、どんな業務を月何回やってもらうのか、簡単なマニュアルをつくって渡すと、仕事を任せやすくなります。

今はランサーズやクラウドワークスのように外注先としてフリーランスの専門家とマッチングしてくれる媒体もあるので、利用してみるのもいいかもしれません。

③年間報酬3000万円超え

僕は今このステージにいますが、さらに高みを目指しています。

僕の場合、**年間報酬が3000万円を超えて一番変わったのは、自分に対する認識**

です。

3000万円の壁を超えられるコンサルタントはなかなかいないので、頭1つ抜きんでられます。そうすると自信もつくし、余裕も生まれます。

報酬が1000万円だと食べてはいけるけれども、いつ報酬が下がるかわからないという不安や、クライアントが減ったらどうしようという焦りが心のどこかにあって、余裕はありませんでした。今は複数の収入源があるので、下がることはあっても赤字にはならないという安心感があります。

さらに、このステージになってから魅力的な人と出会うチャンスがグンと増えました。この段階になったら、自分のビジョナリープランに共感した専門家が自然と増えていく感じです。外部の専門家と組んでセミナーや講演会を開くことも多くなり、今までとは違うテーマの仕事が増えていったのです。

このステージに来たら、このまま1人でやっていくか、自分以外のコンサルタントを増やすかを視野に入れる時期かもしれません。

僕は前述したように、ずっと1人でやっていくことを選びました。養成塾で大勢のコンサルタントを育てていますが、僕の部下になってもらおうと考えたことはありません。それよりは、必要に応じて一緒に手を組んで仕事をするパートナーであったほうが、独立系コンサルタントとして互いに尊重できる関係でいられると思います。

ただ、それはあくまでも僕の考えなので、もし、社員を増やしたいのであれば、そこを目指して頑張るのも1つのスタンスでしょう。

その場合、社員教育をしっかりとやり、人件費をかけることになりますが、社員を雇用するのは社会貢献でもあります。ぜひ大勢のコンサルタントを育ててほしいと思います。


お金がすべてではありませんが、報酬が増えるにつれ、より密度の濃い人生を送りやすくなるのも現実ではあります。自分がコンサルタントとしてどのステージを目指していくのかを考えながら行動していると、いつか実現できる日が来るだろうと、僕は信じています。

第7章

独立系コンサルタントがあえてコミュニティを必要とする理由

01

なぜ、コンサルタントが仲間づくりに情熱を注ぐのか

「馴れ合わない同志は永遠の友人となる」

本書で最後にご紹介するのは、独立系コンサルタントにとってのコミュニティ論になります。

といっても、ビジネスにおけるコミュニティ論は割と最近の概念であり、まだ確立されたものはありません。そこで、この章では僕が実際に取り組んでいる実例をそのまま紹介することで、皆さんにもヒントを提供できれば、と思います。

独立してコンサルタントをしている方は、誰にも何にも拘束されず、自分らしくやりたいという人が多いでしょう。

僕自身もそうです。毎日職場で同じメンバーと仕事をして、帰りもみんなで飲みに行って……という感じで群れるのはそれほど好きではありませんでした。

けれども、いざ独立してみると、そんな僕でさえ孤独感に襲われました。みんなが出社して仕事をしている時間帯に、自分は自宅でパソコンに向かっていたら、社会と断絶されているような孤独感が湧いてきます。

おおげさですが、大海の真ん中に1人で放り出されたような感じです。

そのうえ、営業もコンサルティングも経理も自分でこなさなくてはならないし、すべてのことを自分で考えなくてはなりません。そういう環境に耐えられなくなって、会社員生活に戻る人も少なくないでしょう。

そこで僕は、独立していても仲間と情報交換できるような場があると心強いのではないか、と考えて日本キャッシュフローコーチ協会を立ち上げました。

実は、僕もかつては受講生として参加したコミュニティはいくつかありました。いずれも向上心が高い人が集まって、刺激的な体験ができ、おおいに成長させてもらいました。ただ、受講生として「もっとこうだったらいいのに」と感じることが、多々あったのです。

たとえば、主催者が積極的にそのコミュニティの目的や意図をメンバーに説明して

くれないこと。意見を言う人がいつも決まっていて、それ以外の人は黙って話を聞いているので、主催者がもっと積極的に、「ここは誰でも意見を言っていい場なんだ、と示せばいいのに」と感じていました。

また、あきらかに参加者を見込み客と見なして、あからさまな営業をかけている人がいました。そういうやりとりを放置している主催者の姿勢に違和感を抱いていました。

だから、僕はそれらを反面教師にして、僕なりのコミュニティをつくることにしたのです。

そこで言語化したのが、**和仁メソッド30「コミュニティ運営で得られる5つの価値」**です。

僕が考えるコミュニティ運営によって得られる価値は、以下の5つに集約されます。

和仁メソッド30「コミュニティ運営で得られる5つの価値」

①自分のメッセージを多くの人と共有できる

セミナーやDVD製作などでもできることですが、コミュニティをつくると自分と同じ考えを持つ同志ができ、彼らを通してさらに広範囲にメッセージを届けられます。

日本キャッシュフローコーチ協会の登竜門であるキャッシュフローコーチ養成塾では、過去の塾生さんがオブザーバーとして来てくれて、参加すべきか迷っている人に、どのようなメリットがあるのかを語ってくれたりします。主催者の僕が伝えるより、同じ参加者の立場である人が伝えたほうが、ずっと説得力があります。

②情報をアップデートできる

どんな環境に身を置いているかによって、自分に入ってくる情報は決まります。

どこのコミュニティにも属していないと、業界の最新情報が入ってきづらい状況になります。たとえばマーケティングや人材育成の分野はトレンドがあるので、情報だけでも拾っておかないと「プロなのに、こんなことも知らないの？」と思われてしまうかもしれません。

コミュニティに属していると、そこのメンバーで交わされる会話の中から、自然と最新情報を得られたりします。時には、「こういうことに関心があって、前に言ってたよね、これ知ってる？」と教えてもらえることもあります。

主催者にも、「今、クライアントがこんな悩みを抱えていて」と参加者から相談を持ちかけられると、最新のお困りごとの情報が集まってきます。自分にとって必要な情報をアップデートすることができるのです。

③　コミュニティ運営のノウハウをコンサルに応用できる

コミュニティを運営するには、参加者の募集方法はもちろん、参加者に自ら行動してもらうための仕組みづくりなど、さまざまなノウハウが必要になります。

これは、そのままコンサルティングでも応用できます。コミュニティの運営と会社の経営は似ているからです。どうしたらリーダーがリーダーシップを発揮できるのか、という課題1つとっても、解決策は共通する面があります。たとえば、コミュニティのプロジェクトリーダーは、会社の中間管理職と似たような立場です。

だから、コミュニティの運営で**実践しているノウハウをもとに、クライアントにアドバイスができるようになれば、コンサルタントとしての説得力が増すでしょう。**

④　他のコミュニティのリーダーとつながれる

日本キャッシュフローコーチ協会を立ち上げてから、いろいろなコミュニティを主催している方から声をかけていただくようになりました。

驚いたのは、以前勤めていた会社から、コラボセミナーの企画を提案していただいたこと。税理士対象のセミナーを開いて、僕がキャッシュフローコーチについて教えて、元同期でいまもその会社に所属しているコンサルタントが人事評価などの人材面について教えるコラボセミナーを開催しよう、という申し出でした。

おそらく、ずっと1人で活動していたら声をかけてもらうことはなかったでしょう。日本キャッシュフローコーチ協会というコミュニティを持っているから、信頼してもらえたのだと思います。

⑤人脈をつくれる

コミュニティをつくると、多種多様な業種の人が集まります。日本キャッシュフローコーチ協会の場合、参加しているのは税理士や社労士、弁護士、研修講師、FP、経営コンサルタントとさまざまな職業の人が集まっています。

たとえば税理士が、自分のクライアントが弁護士を探しているのを知って、協会に属している弁護士に声をかける、といったこともあり得ます。

その逆もあり得る。つまり、互いに紹介し合えるネットワークをつくれるということです。主催者自身にとっても人脈になるのは言うまでもありません。

こういった価値も大きいのですが、何より**切磋琢磨できる同志ができるというのは、想像以上に大きな励みになります**。

僕は協会をつくることで大勢の仲間と出会い、イベントでは一緒に盛り上がって、1人で活動していたら絶対に得られない感動や興奮を味わっています。こういう「熱くなれる場」をつくるのも、自分の成長を止めないための装置になるのです。

ただし、誰でもいいからと集めるのは大きな落とし穴になります。

日本キャッシュフローコーチ協会は職業や年齢がバラバラでも参加者のまとまりがいいのは、青臭いかもしれませんが「志」が同じだからだと思います。

僕は「ビジョンとお金を両立して、社長と社員が夢や人生観を語り合える世界をつくる」というビジョンを掲げました。自分の成長を目標にするのではなく、自分のクライアントを幸せにしようという目標を掲げています。

つまり、**利他の心を持とうということ**。その志に共鳴した人が入会するので、足並みが揃いやすいのでしょう。志がバラバラのコミュニティは、すぐに空中分解するかもしれません。

02

自分にぴったりくるコミュニティの見つけ方

「コミュニティはワクワク・ドキドキを探せ」

自分が入るコミュニティを探すときに僕がおススメしたい着眼点は、**参加者がみなフラットな立場であるかどうか**を見ることです。

会によっては、上下関係がきっちりしているところもあります。先に入った人が親のような存在になって新しい参加者に教え、その参加者が育ったら今度は新しい人に教える側に回る。そうやって親や子、孫みたいな関係でネットワークが広がっていくのですが、末端の人はその会の創始者とほとんど会えず、初期メンバーとすら会うのはままならないという状況もあるようです。

それだと、何のために入ったのか、ということになります。創始者から立場が離れれば離れるほど、創始者の理念や考え方が薄まって伝わっていきがちなので、お金を払ってまでコミュニティに参加する意味がないような気がします。

僕はそういうコミュニティにしたくないので、フラットな関係であるような場づくりをしています。

もっとも、僕がすべてのセミナーで教えることはできないので、信頼するファシリテーターに任せている部分もありますが、彼らと僕は同志であって師匠や弟子のような関係ではありません。後から協会に入った人も会員を士業の集まりにありがちな「先生」とか「先輩」と呼ぶような雰囲気ではありません。『「～さん」「～ちゃん」と呼び合う横一線のフラットな関係です。

なぜなら、みな同じプロフェッショナルの立場だから。

新人キャッシュフローコーチであっても、税理士としては大ベテランの人は大勢います。税理士会では先輩の立場でも、日本キャッシュフローコーチ協会では後輩の立場となったら、ややこしいですよね。そういう面倒な関係を取り払うために、みんな同じ立場で和気あいあいとやっています。

もちろん、「上下関係があったほうが緊張感があっていい」と思うのなら、そういうコミュニティを選んでも構わないと思います。

コミュニティを選ぶときの落とし穴は、役に立たなかったり、自分に合わないコミュニティなのに、ズルズルと続けること。

前払いした会費が高いと簡単にはやめられないのかもしれませんが、自分のために何かを学びたくて入ったのに、ストレスになっているなら時間のムダです。「高い授業料を払った」と割り切って、すぐに抜け出したほうがいいでしょう。

他に、次のようなことも踏まえてコミュニティを選んでみてはいかがでしょうか。

①自分に合いそうなコミュニティをリストアップする

基本中の基本ですが、まずはここからスタート。話題になっている集まりや、SNSや本などで紹介されているコミュニティで、気になっている活動をピックアップします。

②会の方針や趣旨を理解する

これもごく当たり前のことのように感じるかもしれませんが、それを理解しないまま「面白そう」と参加する人は少なからずいるような気がします。

日本キャッシュフローコーチ協会には幸いにも、自分の売り込み目的で参加する人はいません。もし、キャッシュフローコーチになる登竜門である養成塾で同期の塾生仲間に「今度、自分もセミナーを開くんで、参加してください」とチラシを配って売り込みをしたら、おそらく一瞬で浮いてしまうことでしょう。

日本キャッシュフローコーチ協会はクライアントである社長と社員の幸せを目指しているので、そこに自分起点の人が飛び込んで来たら、なじまないのです。それは双方にとって不幸なので、僕はガイドラインをしっかり定めてWebでも公開しています。

③そこで活躍している人を見る

コミュニティに参加している人が、そこで得たスキルや知識をもとにどのように活躍しているのかを見ると、有意義なのかそうでないかの目安になります。

たとえば、日本キャッシュフローコーチ協会は年に1回、11月にMVPコンテストを実施しています。キャッシュフローコーチとしてどのような成果を出したのかをプレゼンするイベントを開いていて、一般の方も参加できるようにしているのです。

場所はプロレスの聖地である後楽園ホール。プレゼンする場は本物のリングの上です。MVPに輝いた人は大歓声のなか、さながら本当のプロレスのようにチャンピオンベルトが贈られます。プロレス好きの僕が考えた本気のイベントです（笑）。

このコンテストは予選も開いて、そこから選ばれた6人が最終的にプレゼンします。彼らがどのように活躍しているのかはイベントのパンフレットやネット上でも紹介されているので、この協会に属するとどうなるのかがイメージしやすくなっています。

④参加者に話を聞いてみる

これもごくストレートな方法ですが、**入会する前に見学や体験入会をして、そのコミュニティに参加している人に話を聞いてみるべき**です。

「どうして参加しているんですか？」と聞いてみて、「なんとなく楽しいから」「人に誘われて」のような自分にとってメリットのない答えばかりだったら、そこは避けたほうがいいかもしれません。

一方で、「自分のお手本となる人がたくさんいるから」「仕事でコラボできる仲間が見つかるから」「成功事例をみんなが出し惜しみなく共有していて、学びが進むから」など、具体的なメリットや価値が伝わるようなら参加してみるといいでしょう。

ます。

⑤自分が何を提供できるかを確認する

僕はどんな場であっても、受け身であったら参加する意味はあまりないと考えています。

日本キャッシュフローコーチ協会も、会員が各地で自主的に地域勉強会を開いていています。僕が「やってください」と言ったことは一度もなく、自然と自分たちで開こうという話になっていました。

自分がそのコミュニティに参加して、みんなとやってみたい企画を思い描けたら、それは自分が求めている場だといえるでしょう。

あるいは、「主催者の目が行き届かないところをフォローして、孤立する人がいないよう、積極的に声をかけよう」などと自分なりにできることをイメージできたら、そこには居場所ができるのでいい関わり方ができます。

コミュニティやセミナーのなかには怪しげなものもあるので、「安心安全ポジティブな場」を選ぶことは大切です。くれぐれも慎重に、自分が自由に発言できる安心安全ポジティブな場であるかどうかを確認してみてください。

03

活性化しているコミュニティがやっていること

「自分の経験を仲間のためにアウトプットしていく」

第1章で紹介した「気持ちが若い経営者の会」、若会は今も名前を「わにかい」に変えて細く長く続いていて、年に1回はみんなで集まります。かれこれ24年になるので、子供だったらもう成人している年月を一緒に共有してきた仲間がいることになります。

なぜ、こんなに長く続いたのかを考えると、自分のメリットありきではなかったという点に尽きます。

振り返るとクライアントになってくれた人もいるし、紹介をしてもらったこともあるので、結果的にメリットは有り余るほどあります。しかし、最初から「顧客をゲットしよう」と鼻息が荒かったら、あっという間に解散していたかもしれません。

利害関係は、利害がなくなると関係もなくなります。だから社会人になってからは友人ができづらくなるのでしょう。

メリットは目的ではなく、結果としてついてくるのだと考えるぐらいでいたほうがいいのだと思います。見込み客と出会うための手段として紹介しておきながら、矛盾しているようですが、自分のメリットのためにやるとそれが鼻につくので、人は集まってきません。

僕は、あのころ純粋に、自分が尊敬する人たちと交流する場をつくりたいと考えていました。だから社会人になってからも気持ちの絆をつくれたのでしょう。

絆をつくるためには、その場に集う人たちのメリットを最優先して考えましょう。

そのためにも、自分は何で貢献できるのかを考えること。

お金まわりをわかりやすく伝えることで貢献できるとか、人と人をつなぐのが得意だから話が合いそうな人たちとの出会いの場をつくろうとか、そこに集う人たちのためになることを考えると、自然と気持ちが1つにまとまっていくのだと思います。

日本キャッシュフローコーチ協会での会員の関わり方はさまざまです。

前述したように、自分で積極的に仲間を集めて勉強会を開く人もいれば、公式行事の研修会だけ参加する人もいる。フェイスブックで情報交換する場をつくっていますが、どんどん発言する人もいれば、ほとんどコメントを書かない人もいる。

僕はその人に合った関わり方で構わないと考えています。なぜなら、人それぞれ仕事やプライベートにおいて色々と事情があるものだからです。その人のペースで、その人のやりたいように関われればいい。もし勉強会のリーダーを半強制的な持ち回りで決めたりしたら、やらされ感になるのでモチベーションは一気に落ちるでしょう。

絶対に守ってほしい基本ルールをつくる一方で、関わり方は自由度があるほうが、長く続けられるコツだと言えます。

そして、**「そのコミュニティの目的が、メンバーの本業の発展につながっている」のが、やはり活性化するための条件です**。いくら仲間が欲しいと言っても、みんな忙しいので単なる趣味の集まりに時間もお金もそれほど割けません。

日本キャッシュフローコーチ協会の場合、お金のブロックパズルを広めることでコンサルタントに武器ができ、その結果クライアントである会社の社長や社員に貢献できるのだと、最初は考えていました。つまり、社長のビジョン実現を広範囲にサポートすることが目的でした。

しかし、始めてみると、コンサルタントのお困りごとにも答える場になっていたのです。

とくに独立したばかりで右も左もわからないころは、とにかく何でも不安で、「クライアントにこんなアドバイスをしてもいいのかな？」「面談で何を準備すればいいんだろう」と戸惑うことばかりです。

僕らの協会では、「今日、こんなことがありました。皆さんならどうしますか？」といった相談が、フェイスブックグループによく書き込まれています。僕だけでなく、ベテランのコンサルタントはさまざまな修羅場を潜り抜けてきているので、たいていの悩みには答えられます。

みんなで懸命に、「大丈夫、そういうときはこうすればいいから」「私ならこんな準備をしますよ」とアドバイスを書き込んでいるので、チームでコンサルタントのコンサルをしているようなものですね。そうやって**1人では解決できなかったトラブルを乗り越えられたら、本業にプラスになる**のは言うまでもありません。


一方で、活性化しているコミュニティでの落とし穴は、「相手のためを思って、メ

ンバーを批判してしまう」ことです。

これは勢いのあるコミュニティほど、やってしまいそうな気がします。毒舌を売りにしているカリスマ的なインフルエンサーが批判的な発言をしても受け止められるかもしれませんが、それでも自分のコメントに一斉に批判的なコメントがついたら、激しく落ち込むでしょう。

求められてもいないのにアドバイスをするのは、ただのおせっかいです。

相手のためを思ってであっても、関係性がちゃんと構築できていない相手の行動を批判したり、厳しく注意すると、逆恨みされたり、相手がつぶれてしまう恐れもあります。それだと安心安全ポジティブな場にはなりません。

社会経験を積んだ大人たちの集まりなら、僕は相手を尊重するべきであり、自分の考えを押しつけるのは自己満足にすぎないと感じます。

かといって、褒め合うだけのコミュニティも馴れ合いになってしまいます。

やはり、適切な距離感が大事。依存しすぎず、お互いに尊重しあえる仲間になれば、何物にも代えがたい場になると思います。

自分の本業があるのにコミュニティをつくるのは、自分の仕事を１つ増やすことになります。準備から軌道に乗せるまでは大変ですし、軌道に乗ってからもさらに発展させるためにどうすればいいのかを、絶え間なく考えなくてはなりません。

それでも、僕は**本業で余裕が生まれたらコミュニティをつくることをおススメします。**

何よりも、1人の経験値よりも10人、100人、500人の経験値をシェアしたほうが、何十年分かの経験値を1年で集められます。

こんな醍醐味はなかなかないでしょう。

僕はこの先20年、30年先まで一緒に走って行ける仲間を得られて、これまでの人生で今が最高の時期だと実感していますし、これからの人生が楽しみです。

皆さんが、喜びを分かち合い、高めあう仲間を見つけられることを祈っています。

おわりに

★「あなたが言うことなら聞きたい」と言われる存在になる

僕が独立系コンサルタントや士業の方々からそれなりに知られるようになったのは、『年間報酬3000万円超えが10年続く　コンサルタントの教科書』（かんき出版）を上梓した2014年頃からだったと思います。

それから5年が経ち、コンサルタントをめぐる状況は一変しました。コンサルタントを名乗る人はこの数年間で一気に増えています。

過当競争になっていることとその背景については、「はじめに」で書いた通りです。

そんななかでコンサルタントは、専門知識の有無と同じか、あるいはそれ以上に、第3章で取り上げた「あり方」が問われます。クライアントの模範として、コンサルタント自身も目標をもって挑戦しているか、という部分をシビアに見られている――。「何を言うか」の前に「何をやっている人か」、正当性が問われているのです。

さらに、クライアントである社長を取り巻く経営環境の変化も激しい折ですから、コンサルタントには、新しい状況への「対応力」も求められます。

過当競争であるうえに、「あり方」や「対応力」が問われるということで、コンサルタントに課せられるハードルはますます上がり、「食べていけるか」という不安は尽きないことでしょう。

そこで本書は、これから独立する人はもちろん、独立して3年未満のコンサルタントが日々の葛藤や悩み、不安に打ち勝ち、社長から選ばれる代替不可能な存在になるための、「あり方」と「対応力」について説く1冊に仕上げました。

各章のテーマである「見込み客との出会い方」「プロフィールの書き方」「コンサルとしての『あり方』」「戦略的情報発信術」「勉強法」「10年スパンのキャリア戦略」「コミュニティ活用法」は、いずれも独立系コンサルタントとして長く活躍するためには、必要なことばかり。

僕自身がそれを体得し、言語化できるようになるまでに、20年かかりました。それらのノウハウを余すところなくお伝えしたのが本書です。

本来であればそうしたノウハウは、1人ひとりが日々の実践のなかでトライ＆エラーを繰り返して、時間をかけて学んでいくものだと思います。

一方で、こうも思うのです。

これからクライアントに貢献するために多大なエネルギーと時間を注ぐべき皆さんが、僕と同じような回り道をする必要があるのだろうか。せっかく努力するなら、成果につながる努力をしていただきたい。

本書を、「読者の皆さんがこれから試行錯誤を重ね、時には回り道もすることでかかる労力を、僕が肩代わりして差し上げよう」という思いを込めて、書きました。

思う存分、フル活用してもらえれば幸いです。

そのうえで、もし、僕と同じように、クライアントのビジョンの実現をサポートしたいという想いを持っていただけるのであれば、最後に1つ提案があります。

クライアントに注ぐのと同じくらいのエネルギーを、自分のビジョンの実現に向けて使ってください。そして、その等身大の姿を、クライアントはもちろん、ご自身の仲間や家族にも見てもらってください。

実はそのことが、クライアントから「あなたが言うことなら聞きたい」と言われる存在になるための、最大の秘訣なのです。

皆さんのこれからのご活躍に、エールを送ります。

★著者から読者の皆さまへの特別なプレゼント

ここからは、特別なプレゼントについてご案内します。

本書の第2章で和仁メソッド16として紹介した「自分のトリセツ」（126ページ参照）を落とし込んだシートを用意しました。これは、A4・1枚のツール（Wordファイル）です。

繰り返しになりますが、その効果効能について改めてご説明しますね。

僕は独立当初、見込み客の社長と話していて、自分のコンサルティングに関心がありそうだとわかったタイミングで、

「和仁をこのように活用して成果を出していただきたい、という考えを1枚にまとめたので、ちょっとご説明させてもらってもいいですか？」

と了承を得たうえで、このシートを見せながら話を続けました。

すると、相手の社長は目と耳という2つのルートから情報が入るせいか、僕の活用法が具体的にイメージでき、「コンサル契約を締結したい」というモチベーションが上がるのを実感しました。

この「自分のトリセツシート」が営業のクロージングの後押しになったわけです。

そこで、さらに「クライアント先の社員のお役に立つためのバージョン」と合わせて、2種類のシートを、当時よりも価値が伝わるようにブラッシュアップして、ご希望の方にプレゼントします。

このシートを使うことで、次の効果があります。

効果1　本書で学んだメソッドをどう実践するか、というイメージをふくらませるためのモデルケースになる。

効果2　内容を自分のコンサルティングに置き換えれば、自身の営業ツールとして、すぐに使える。しかも、和仁自身の実例が掲載されているので、重なる部分はそのまま使えるというメリットがあり、作成の手間が大幅に省けて、すぐに行動に移しやすくなる。

効果3　自分にあったツールをつくる「はじめの一歩」が踏み出せる

実際にシートを目にするとわかりますが、本書でお伝えしているノウハウを使って、我流を加えずにそのまま真似するだけで効果が出ることに気づくことでしょう。

この「和仁パクリ」の効果を体感していただき、実践力を高めてください。

こちらからダウンロードできます。→ www.wani-mc.com/katsuyou/

では、これで本当に最後です。

これまでの書籍でも何度かお伝えしていますが、僕の願いは、「自分のビジョンを実現しながら、仲間やクライアントのビジョン実現化を応援し、その影響力の範囲を最大化する」ことです。

本書が、皆さんのように志ある方を通じて、世の中の「ビジョンに導かれる経営」を志向する社長を、1人でも多くサポートするきっかけになることを願っています。

最後まで読んでいただき、ありがとうございます。

ビジョナリーパートナー　和仁　達也

【巻末付録】和仁メソッドを一気におさらい

1 面識のある人攻略法

過去の人脈から信頼できる人、相性の合いそうな人を選んでアプローチする方法。

第1章
34ページ

2 自分を売り込まない営業

アポを取っても自分のことはあまり話さず、お困りごとを聞き出すのに徹する。

第1章
39ページ

3 事業計画書プレゼン法

「自分のコンサルを受けたらどうなるか」を、さりげなくイメージしてもらう手法

第1章
44ページ

4 お困りごとリサーチプロジェクト

知り合いの社長から10人選んで、1か月以内にお困りごとを聞いてくる試み。

第1章
53ページ

5 情報交換会作戦

見込み客を紹介してくれそうなキーパーソンに、最新の活動報告をする場づくり。

第1章
61ページ

6 金融機関や商工会議所とのバーター戦略

銀行のセミナー担当者などに貢献する代わりに見込み客を紹介してもらう試み。

第1章
62ページ

7

超少数のセミナー

小さな会議室で参加者10人以内のセミナーを開き、じっくり話して顧客化する。

第１章
67ページ

8

１人限定の密着型セミナー

１on１セミナーと考えれば、ホテルのラウンジでのプレ・コンサルも可能。

第１章
68ページ

9

社長のお困りごとトップ３

最初に生まれた著者のオリジナルメソッド。和仁達也を語るうえでの代名詞。

第２章
85ページ

10

あるべきセルフイメージの再構築

「自分は何者になりたいか」という視点で、名乗る肩書を改めて自分で決めること。

第２章
96ページ

11

十文字の理論

「クライアントにとっての自分」の役割と存在価値を整理してポジションをとること。

第２章
106ページ

12

凱旋帰国理論

新規顧客相手に積んだ実績を活かして、既存顧客に改めてアプローチすること。

第２章
110ページ

13

期間限定ディスカウント法

昔から付き合いのある見込み客に期間限定で報酬を下げ、コンサルを実施すること。

第２章
112ページ

14

自己紹介テンプレート

士業などの人がコンサル業務に進出する際に、自己紹介を作りなおすための手法。

第２章
115ページ

15 紹介のされ方テンプレート

顧客のお困りごとを起点に、自分のプロフィールを紹介してもらうためのメソッド。

第2章 122ページ

16 自分のトリセツ

自分のプロフィールと活用法を、社長から社員に配ってもらうためのシート。

第2章 126ページ

17 ビジョナリープラン

「ミッション」「セルフイメージ」「ビジョン」など自分の「あり方」を支える4つの柱。

第3章 133ページ

18 お困りごと類推法

ありがちな事例ストーリーを誘い水に、社長にお困りごとを自覚してもらう手法。

第3章 156ページ

19 情報発信の遠近法

同じことを伝える場合でも相手との関係の深さに応じて、表現方法を変えること。

第4章 181ページ

20 成約につながるWeb戦略

ホームページやブログ、SNSなどを連動させて知名度や成約率を高める戦略。

第4章 187ページ

21 すぐ書けるメルマガのテンプレート

タイトル、告知、商品紹介など書く順番と内容を決めておくと発信が苦にならない。

第4章 201ページ

22 さりげないメールアドレス収集法

セミナーの終盤にアンケートの記入タイムを設定して、メールアドレスと名前を集める。

第4章 203ページ

23
動画製作の5大ポイント
伝える中身だけでなく、話し方や身振り手振りにも気を配り観る人の心を動かす。
第4章
209ページ

24
アウトプットが先、インプットが後
アウトプット先が決まっていると、新鮮な情報を仕入れるための行動力が増す。
第5章
217ページ

25
今すぐ15分！集中法
新幹線の移動中などのスキマ時間に15分だけ集中して勉強すると、効率が上がる。
第5章
226ページ

26
憧れの人への速攻アプローチ法
セミナーなどの最後に名刺交換をして、具体的な行動につながる質問をする。
第5章
242ページ

27
高めの報酬設定法
月15万円以上の報酬を設定すると、自立したクライアントが集まるようになる。
第6章
257ページ

28
クライアントのビジョナリープラン策定法
「ビジョン策定」などを年間スケジュール化すると、自然に長期契約が結べる。
第6章
264ページ

29
失敗から学ぶダイアリー振り返り法
失敗した日にその内容と再発防止の対策を書き込み、折に触れて振り返る。
第6章
270ページ

30
コミュニティ運営で得られる5つの価値
独立系コンサルタントだからこそ定期的に集まることで、切磋琢磨できる同志が得られる。
第7章
308ページ

【著者紹介】

和仁　達也（わに・たつや）

◉——1972年生まれ。経営者のビジョンと金銭面の成功を支援するビジョナリーパートナー。（株）ワニマネジメントコンサルティング代表取締役。独立系コンサルタントの間で、「ロールモデル」として慕われる存在。

◉——月給25万円の会計系コンサルティング会社勤務から27歳のときに独立し、経営コンサルタントに。月１回訪問・月額15万円の契約からスタートし、今では月額30万円以上の顧問先を複数抱え、年間報酬3000万円を軽く超える人気コンサルタント。顧問契約の継続実績は平均９～12 年、最長で20年以上に。この高額報酬で長期契約が続く「パートナー型」コンサルティングを学びたいコンサルタントや士業が殺到し、養成塾や合宿は、常時満員御礼。教材も爆発的に売れており、そのノウハウを数千人に伝えてきた。2015年１月には、一般社団法人日本キャッシュフローコーチ協会を設立し、代表理事に就任。

◉——著書に『〈決定版〉年間報酬3000万円超えが10年続くコンサルタントの教科書』『〈特別版〉年間報酬3000万円超えが10年続くコンサルタントの対話術』『年間報酬3000万円超えが10年続くコンサルタントの経営数字の教科書』（いずれも、かんき出版）のほか、８万9000部のロングセラー『世界一受けたいお金の授業』（三笠書房）、『超★ドンブリ経営のすすめ』（ダイヤモンド社）など多数がある。

■公式サイト http://www.wani-mc.com/

年間報酬《ねんかんほうしゅう》3000万円《まんえん》超《ご》えが10年続《ねんつづ》く

独立系《どくりつけい》コンサルタントの成功戦略《せいこうせんりゃく》　〈検印廃止〉

2019年９月17日　第１刷発行

著　者——和仁　達也

発行者——齊藤　龍男

発行所——株式会社かんき出版

東京都千代田区麹町4-1-4 西脇ビル　〒102-0083

電話　営業部：03(3262)8011㈹　編集部：03(3262)8012㈹

FAX　03(3234)4421　振替　00100-2-62304

http://www.kanki-pub.co.jp/

印刷所——ベクトル印刷株式会社

乱丁・落丁本はお取り替えいたします。購入した書店名を明記して、小社へお送りください。ただし、古書店で購入された場合は、お取り替えできません。

本書の一部・もしくは全部の無断転載・複製複写、デジタルデータ化、放送、データ配信などをすることは、法律で認められた場合を除いて、著作権の侵害となります。

©Tatsuya Wani 2019 Printed in JAPAN

ISBN978-4-7612-7443-6 C0034